Römisches Monopol?

Römisches Monopol?

Der Streit um die Einheit der Kirche

Herausgegeben von Jan-Heiner Tück

HERDER

FREIBURG · BASEL · WIEN

www.herder.de
Umschlaggestaltung: Finken&Bumiller, Stuttgart
Satz: dtp studio mainz, Jörg Eckart
Herstellung: freiburger graphische betriebe
www.fgb.de
Gedruckt auf umweltfreundlichem, chlorfrei gebleichtem Papier
Printed in Germany
ISBN 978-3-451-29854-7

Inhaltsverzeichnis

Der Streit um die Einheit der Kirche

Erste Sondierungen

Wenn nicht alles täuscht, nimmt der religiöse Analphabetismus unter Getauften zu. Das hat Auswirkungen auch auf die Ökumene. Wer gar nicht weiß, warum er katholisch oder evangelisch ist, der weiß auch nicht, was er an Eigenem in den ökumenischen Dialog einbringen kann. Die Probleme scheinen für ihn leicht lösbar, weil er die Probleme gar nicht sieht, die zu lösen wären. So kann er der verbreiteten, medial forcierten Forderung nach ökumenischer Tempobeschleunigung zustimmen. Bedenken von Theologen oder Grenzmarkierungen des kirchlichen Lehramts erscheinen ihm als unnötige Blockade, weil ihm das Trennende, das es zu überwinden gilt, gar nicht vor Augen steht. Die wachsende Gleichgültigkeit gegenüber den Inhalten des überlieferten Glaubens ist ein echtes Problem aller Konfessionen. Denn das Vakuum, das der Abschied vom Glauben hinterlässt, wird leicht durch fragwürdige Ersatzvorstellungen gefüllt, wie die sanfte Verblödung in Esoterik und Wellness zeigt. Auch darum ist der stille Auszug vieler Getaufter aus den Kirchen ein alarmierendes Zeichen der Zeit, dessen Dramatik man sich durch die erfreuliche Zunahme von Erwachsenentaufen und Neukonversionen nicht verhehlen darf. Dass der langsame Rückgang des Rückgangs mitunter schon als Fortschritt gedeutet wird, zeigt neben einer beachtlichen Geschmeidigkeit ekklesialer Realitätsverarbeitung auch eine gewisse Unwilligkeit, die Krise als solche ungeschminkt wahrzunehmen, um sie dann als Chance zu begreifen. Dabei ist es immer noch eine veritable ökumenische Frage, ob nicht das unglaubwürdige Zeugnis der gespaltenen Christenheit dazu beiträgt, dass viele Mitchristen das Schiff der Kirche verlassen und auf den Wogen des postsäkularen Zeitgeistes auf eigene Faust dahinsurfen. Doch klar ist auch, dass eine Ökumene der religiös Gleichgültigen oder theologisch Unterinformierten nicht der Königsweg sein kann, sich näher zu kommen. Der Hinweis auf den *sensus fidelium* und die Einforderung des Stimmrechts aller Getauften ist vor diesem Hintergrund allemal klärungsbedürftig.

Die historische Aufarbeitung der kirchentrennenden Lehrunterschiede, die bereits beachtliche Ergebnisse vorzuweisen hat, ist und bleibt daher eine unverzichtbare Aufgabe ökumenisch engagierter Theologie. Hier ist historische und theologische Sachkompetenz gefragt. Allerdings steht spätestens seit der Diskussion um die „Gemeinsame Erklärung zur Rechtfertigungslehre" (1999) der Verdacht einer Verschleifung der konfessionellen Differenzen im Raum. Mit kaum verhohlener Polemik ist von einer „ekklesiogenen Betriebsblindheit" in der „Kaste der ökumenischen Konsensingenieure" die Rede (Friedrich Wilhelm Graf – Dietrich Korsch, *Jenseits der Einheit,* Hannover 2001, 10). Mit der Kritik an der Sondergruppensprache der Ökumene-Spezialisten wird gleichzeitig eine Rückbesinnung auf konfessionelle Identitäten angemahnt. Die kirchendiplomatischen Konsensbemühungen seien spätestens mit *Dominus Iesus* (2000) an eine Grenze gestoßen, eine neue Ökumene der Profile sei daher angesagt.

Mögen die Befürworter einer neuen Differenzökumene die Verdienste der bisherigen ökumenischen Arbeit auch zu gering einstufen und selbst kaum über den Verdacht erhaben sein, eine Renaissance des Konfessionalismus zu betreiben, so lenken sie die Aufmerksamkeit doch zurück auf die nicht zu umgehenden Fragen des Kirchenverständnisses. Nur wenn diese Fragen neu auf den Tisch kommen, kann es in der ökumenischen Verständigung Annäherungen geben, die diesen Namen verdienen. Nur wenn die Wahrheitsfrage nicht als Blockade empfunden und ausgeblendet wird, lässt sich der Streit um die Einheit der Kirche voranbringen. Die Einsicht, dass der Disput um die Wahrheit die Disputierenden einander näher bringt als die laue Einmütigkeit der Indifferenten, hat Gilbert K. Chesterton einmal in das Wort gebracht: „Es ist nicht bloß wahr, dass ein Glaube Menschen verbindet. Nein, eine Glaubensverschiedenheit verbindet die Menschen – solange es eine klare Verschiedenheit ist. Grenzen verbinden." Der Eindruck, dass das Bewusstsein um die Grenzen verblasst ist, dass mithin die Semantik des Kirchenbegriffs aufgeweicht zu werden droht, hat die Glaubenskongregation veranlasst, im Juli 2007 ein Dokument zu Fragen der Ekklesiologie zu veröffentlichen. Es ruft in Erinnerung, was nach katholischer Lesart unter die Definition von Kirche fällt und was nicht, und erläutert den korrekten Sprachgebrauch gewisser ekklesiologischer Ausdrücke, die immer wieder anfällig für Fehlinterpretationen zu sein scheinen.

Das literarische Genus von *Responsa* – Antworten – ist für den Zweck günstig gewählt. Auch notorisch unter Zeitdruck stehende Zeitgenossen können das Dokument in wenigen Minuten lesen. Das ist ein Vorteil. Nach einer knappen Einleitung werden auf klar gestellte Fragen ebenso klar formulierte Antworten gegeben. Das ist ein Nachteil. Die Antworten sind in einem abstrakt definitorischen Sprachstil abgefasst, der keine Rücksicht auf eventuelle Sensibilitäten nimmt und gerade im Blick auf den erreichten Stand des ökumenischen Gesprächs Rückfragen aufwirft. So wird erneut in Erinnerung gerufen, was hierzulande bei den allermeisten Gläubigen noch frisch im Gedächtnis sein dürfte, dass nämlich die eine Kirche Jesu Christi, die wir im Credo bekennen, nur in der katholischen Kirche konkret verwirklicht ist, genauer: *subsistiert*. Flankiert wird diese Aussage mit der schon in *Dominus Iesus* zu findenden Lehre, dass die aus der Reformation des 16. Jahrhunderts hervorgegangenen kirchlichen Gemeinschaften nicht Kirchen im eigentlichen Sinn seien; der Titel ‚Schwesterkirche' wird ihnen vorenthalten. Vor allem die Wiederholung dieser harten Aussagen ist im Land der Reformation, aber nicht nur dort, als „ökumenisch brüskierend" (Wolfgang Huber), ja „fatal" (Margot Käßmann) zurückgewiesen worden.

Macht hier die Glaubenskongregation ein römisches Monopol geltend? Überzieht sie ihre Definitionskompetenz, wenn sie den reformatorischen Konfessionskirchen theologisch den Status des Kircheseins abspricht? Oder ist das, was als Anmaßung erscheint, in Wahrheit nur Treue zur eigenen Überlieferung, so dass die katholische Kirche nicht mehr katholisch wäre, wenn sie von diesem Selbstverständnis abrücken würde? Und muss reformatorische Ekklesiologie gegen das hier in Anschlag gebrachte Kirchenverständnis nicht protestieren, wenn sie ihrer reformatorischen Identität treu bleiben will? Immerhin findet sich schon bei Adolf von Harnack die Aussage: „Der Protestantismus muß rund bekennen, daß er eine Kirche wie die katholische nicht sein will und nicht sein kann, daß er alle formalen Autoritäten ablehnt, und daß er ausschließlich auf den Eindruck rechnet." (Zitiert nach: E. Peterson, *Theologische Traktate.* Mit einer Einleitung von B. Nichtweiß, Würzburg 1994, 179.)

Eine Kontroverse, die fruchtbar geführt werden soll, muss von einer gemeinsam geteilten Basisannahme ausgehen. So bestreitet denn auch keine christliche Glaubensgemeinschaft, dass zum Glauben an den einen Gott und seinen Sohn Jesus Christus das Bekenntnis zur einen Kirche gehört, in welcher der auferweckte Gekreuzigte in Wort und Sakrament bleibend gegenwärtig ist. Die Frage ist nur, ob und wo diese eine Kirche Jesu Christi heute konkret antreffbar ist. Ist sie ein unsichtbares Ideal, das in den real existierenden Konfessionskirchen lediglich fragmentarische Abschattungen findet? Oder ist die Einheit durch die Geschichte der Kirchenspaltungen verloren gegangen, so dass sie erst in Zukunft neu gefunden werden müsste? Oder ist sie trotz der Kirchenspaltungen allein in der katholischen Kirche voll verwirklicht?

Es gibt die eine Kirche Jesu Christi, aber verschiedene Konfessionen. Diese haben – bei allem gemeinsamen Erbe – unterschiedliche Auffassungen von dem, was Kirche ausmacht, welche Verfassungsmerkmale sie hat und wo sie konkret anzutreffen ist. Das war so, das ist so, und das wird voraussichtlich auch vorerst so bleiben. Wenn diese Differenzen klar benannt werden, dann kann inmitten noch so großer konfessioneller Verschiedenheit im Blick auf die Wahrheit des Evangeliums eine immer noch größere Gemeinsamkeit entdeckt werden, in deren Licht sich dann der Streit um die Einheit der Kirche produktiv führen lässt.

Der vorliegende Band versammelt Stellungnahmen von katholischen und evangelischen Theologen, die dem Disput um die Einheit der Kirche gewidmet sind. Sie können als polyphones Echo auf die *Responsa* der Glaubenskongregation vom Juli 2007 gelesen werden. Dass die Stimme der orthodoxen Theologie nicht vertreten ist, liegt daran, dass das Dokument vor allem Klärungsbedarf in der Verständigung zwischen katholischer und reformatorischer Tradition provoziert hat. Den Auftakt macht ein Beitrag von *Thomas Söding*, der der Frage nach Einheit und Vielfalt der Kirche im Neuen Testament nachgeht. Er erinnert an Strategien apostolischer Konfliktbewältigung, die drohende Spaltungen um der Einheit willen abzuwenden wussten, und setzt sich kritisch mit der These auseinander, der neutestamentliche Kanon habe historisch die Vielfalt der Konfessionen grundgelegt. – Es folgen aus katholischer Sicht zwei gegenläufige Stellungnahmen zum jüngsten Dokument der Glaubenskongregation. Während *Bernd Jochen Hilberath*, der Verfasser des jüngsten Kommentars zum Ökumenismus-Dekret, in den *Responsa* eine selektive Interpretation des Zweiten Vatikanischen Konzils bemängelt und entsprechende Engführungen diagnostiziert, sieht *Karl-Heinz Menke* darin eine fällige ökumenische Klarstellung, welche die Singularität des katholischen Kirchenverständnisses verdeutlicht. Wie in der Christologie antidoketisch gesagt werden müsse, dass Gott in Jesus Christus wahrhaft Mensch geworden sei, so müsse auch in der Ekklesiologie antidoketisch festgehalten werden, dass die eine Kirche nicht unsichtbar, sondern in der römisch-katholischen real da sei. Schon Karl Barth hatte in seiner *Kirchlichen Dogmatik* die Verschränkung von unsichtbarer und sichtbarer Kirche durch die These verdeutlicht, ein ekklesiologischer Doketismus sei „so wenig durchführbar wie der christologische Doketismus" (KD IV/1, 729f) – nur, dass er diese Denkfigur natürlich nicht auf die römisch-katholische, sondern auf die vom Heiligen Geist ins Dasein gerufenen Gemeinden überhaupt bezogen wissen wollte. Das Urteil der protestantischen Theologen zur Frage nach der Einheit der Kirche fällt denn auch anders aus. Der Tübinger Theologe *Eberhard Jüngel* erinnert zunächst an die Zumutung, die das Bekenntnis zur einen, heiligen, katholischen und apostolischen Kirche enthält. Empirisch betrachtet ist die Kirche ziemlich zerstritten und mit Runzeln und Makeln behaftet. Es bedarf schon der Augen des Glaubens, um die Einheit der Kirche zu erkennen. Im Mysterium der göttlichen Dreieinigkeit sieht Jüngel eine theologische Analogie für die Einheit der Kirche im Plural der konfessionellen Verschiedenhei. – *Gunther Wenz* hingegen stellt der abgrenzenden Aussage der *Responsa*, die aus der Reformation hervorgegangenen Konfessionskirchen seien

„nicht Kirchen im eigentlichen Sinn", knapp und klar das reformatorische Kirchenverständnis entgegen. Unter Rückgriff auf die *Confessio Augustana*, die nicht eine neue Kirche, sondern die Erneuerung der alten anzielte, werden die rechte Evangeliumsverkündigung und die stiftungsgemäße Sakramentenspendung als die entscheidenden Wesensmerkmale von Kirche in Erinnerung gerufen, denen das ordinationsgebundene Amt nachgeordnet wird. Dieses Kirchenverständnis, das auf seine Weise ebenfalls Katholizität – und Kirchlichkeit „im eigentlichen Sinn" – beansprucht hält für die Ökumene eigene Potentiale bereit. Nicht zuletzt gestattet es, die Einheit der Kirche in der Vielfalt der Konfessionen anzuerkennen. – Einer solchen pluralistischen Ekklesiologie widerspricht allerdings das offizielle Selbstverständnis der katholischen Kirche, für das ein Plural von bischöflich verfassten Ortskirchen, nicht aber ein Plural von Konfessionskirchen wesentlich ist. *Jan-Heiner Tück* erinnert daran, dass der anstößige Anspruch, die einzige Verwirklichung der einen Kirche Jesu Christi zu sein, nur dann gegen den Verdacht des „geistlichen Imperialismus" in Schutz genommen werden kann, wenn zugleich die Verwundungen zugestanden werden, die der *Catholica* durch die Kirchenspaltungen zugewachsen sind. – Angesichts der ökumenischen Grenzziehungen durch die letzten vatikanischen Dokumente könnte eine Haltung der Ernüchterung und Enttäuschung die angemessene Antwort sein. *Harding Meyer*, seit Jahrzehnten ein Protagonist der ökumenischen Verständigung und Mitherausgeber der *Dokumente wachsender Übereinstimmung*, mahnt angesichts von Dialogmüdigkeit und Konsensverdrossenheit zu einer Rückvergewisserung des schon Erreichten. Nach Jahrhunderten fruchtloser Polemik und Konfrontation sei im 20. Jahrhundert ein Klima der Brüderlichkeit und der Verständigung gewachsen, das auch im 21. Jahrhundert nicht aufs Spiel zu setzen, sondern weiter zu pflegen ist. Das 100jährige Jubiläum der Weltgebetswoche für die Einheit der Christen ruft schließlich die geistliche Dimension der Ökumene in Erinnerung, die das Zweite Vatikanische Konzil als die eigentliche Seele der ökumenischen Bewegung bezeichnet hat (UR 8). Die Einheit ist eine Gabe des Hl. Geistes, die erbeten, aber nicht erzwungen werden kann. Wer zuviel erwartet, erreicht wenig, wer zu wenig erwartet, belässt alles beim Alten. Darum ist der Verweis auf die spirituelle Dimension der Ökumene kein Freibrief, die Hände in den Schoß zu legen. Den Entmutigten aber, denen die ökumenische Annäherung viel zu langsam geht, kann mit Charles Péguy gesagt werden, dass die Geduld die kleine Schwester der Hoffnung ist.

Jan-Heiner Tück *Freiburg, im März 2008*

Dialektik der Einheit

Die Gemeinschaft der Kirche nach dem Neuen Testament

von Thomas Söding

1. Jerusalemer Handschlag

„Jakobus und Kephas und Johannes, die als Säulen gelten, gaben mir und Barnabas die rechte Hand zur Gemeinschaft, damit wir zu den Heiden, sie aber zur Beschneidung gingen" – so fasst Paulus im Galaterbrief das für ihn wichtigste Ergebnis des so genannten Apostelkonzils zusammen (Gal 2,9).[1]

Heftiger Streit war vorausgegangen zwischen den Protagonisten der Völkermission, die auf die Beschneidung verzichtet haben, um alles auf Glaube, Taufe und Werke der Nächstenliebe zu setzen, und den Kritikern dieses Kurses, die postuliert haben sollen: „Man muss sie beschneiden und anhalten, das Gesetz des Mose zu achten." (Apg 15,5).

Im Galaterbrief beschimpft Paulus seine Gegner zwar als „falsche Brüder", die sich „eingeschlichen" hätten, „unsre Freiheit" zu belauern und „uns zu unterjochen" (Gal 2,4). Aber sie konnten gute Gründe geltend machen: Hatte nicht Abraham nach Gen 17 sich und sein ganzes Haus beschneiden lassen, um so die Zugehörigkeit – von Männern – zum Gottesvolk Israel darzustellen? Und war nicht die Beschneidung in den Kämpfen des Judentums ums theologische und kulturelle Überleben der letzten Jahrhunderte zu einem Symbol des Gottesglaubens wie des Gesetzesgehorsams geworden, geadelt durch das Martyrium der Makkabäer?

Paulus freilich ist überzeugt, bessere Gründe zu haben, die er im Galaterbrief und breiter noch im Römerbrief darstellen wird: Abraham ist lange vor der Beschneidung auf seinen Glauben hin gerechtfertigt worden; der Geist ist schon in Fülle auf die Getauften herabgekommen, auch wenn sie unbeschnittene Heiden waren; für die Kirche gilt nicht mehr „Jude oder Grieche", sondern die Einheit in Christus (Gal 3,26ff.); an die Stelle der Beschneidung tritt die Taufe, die gleichermaßen Männern wie Frauen gespendet wird; das Gesetz hebt die Verheißung nicht auf, sondern unterstreicht sie. Jesus Christus selbst zielt nicht auf die Beschneidung und auf Werke des Gesetzes, sondern auf den Glauben; deshalb hat er Paulus als Apostel der Völker berufen.

In Jerusalem wird dieser Konflikt offen ausgetragen. Es steht viel auf dem Spiel: die Effektivität der Völkermission, die Legitimität des paulinischen Apostelдienstes, das Verhältnis der Christen zu den Juden, das Grundverständnis des christologischen Heilsgeschehens. Die Jerusalemer Urgemeinde spielt eine entscheidende Rolle: nicht in dem Sinn, dass sie eine formale Urteilsinstanz wäre, aber doch so, dass sie das Zentrum der Urchristenheit bildet. Paulus selbst schreibt, dass er sich nach Jerusalem – „aufgrund einer Offenbarung" – gewandt habe, um sicherzustellen, dass er „nicht ins Leere gehe oder gelaufen sei" (Gal 2,2). In der Urgemeinde wiederum spielen – nicht die Zwölf Apostel, sondern – die drei „Säulen" Jakobus, Petrus und Johannes die entscheidende Rolle: nicht weil es in Jerusalem bereits einen hierarchischen Instanzenweg kirchlicher Urteilbildung gäbe, sondern weil es sich beim „Herrenbruder", beim Ersten der Zwölf und beim „Donnersohn" Johannes um jesuanisches Urgestein handelt. Paulus und Barnabas war diese besondere Stellung vollkommen klar.

Der Handschlag, von dem Paulus nicht ganz ohne Stolz berichtet, ist ein Akt der Anerkennung. Er beruht nach dem Galaterbrief darauf, dass die „Säulen" bei Paulus nicht anders als bei Petrus das Wirken Gottes erkannt haben – nur mit dem Unterschied, dass der eine zu den Heiden, der andere zu den Juden gesandt sei. Woran das Wirken Gottes zu erkennen ist, wird von Paulus in seinem kurzen Bericht nicht ausgeführt, lässt sich aber ziemlich sicher erschließen: an der Effektivität und der Authentizität der Verkündigung. Es ist ein theoretisches Argument: die Übereinstimmung in *essentials* der Lehre; und ein praktisches Argument: der Erfolg der Mission, die Zustimmung der Heiden, die zu Hörern des Wortes und zu Gläubigen werden – was Paulus auf das Wirken des Heiligen Geistes zurückführt.

Ähnlich Lukas. Allerdings sagt die Apostelgeschichte, es sei Petrus gewesen, der der antiochenischen Fraktion mit Paulus und Barnabas den Boden bereitet habe, indem er noch einmal an seine eigenen Erfahrungen erinnert habe, dass der Heilige Geist ihn zur Taufe des ersten gottesfürchtigen Nicht-Juden, des Hauptmanns Cornelius, geradezu genötigt habe; und es sei Jakobus gewesen, der das theologische Argument in der Heiligen Schrift gefunden habe: die Prophetie des Amos vom zerfallenen und neu aufgebauten Haus Davids (Apg 15).

Dem Gewicht der Entscheidung entspricht das Gewicht der Begründung. Beides überträgt sich auf das Gewicht der Abmachung. Paulus legt auf das Ereignis größten Wert; Lukas unterstreicht die Bedeutung noch. Der Handschlag, von dem allerdings nur Paulus berichtet, ist ein Schüsselereignis der frühesten Kirchengeschichte. Ohne ihn wäre die Entwicklung wesentlich anders gelaufen.

2. Korinthische Gemeinschaft

Paulus spricht in Gal 2,9 vom Handschlag der „Gemeinschaft“. Er umfasst seine volle Anerkennung als Apostel gleichen Rechts und Rangs wie Petrus, an dem er sich orientiert, aber er zielt auch auf den Zusammenhalt zwischen

Jerusalem und Antiochia, zwischen Juden- und Heidenchristen.[2]

Die apostolische Gemeinschaft, die in Jerusalem per Handschlag besiegelt wurde, begründet die Einheit der Kirche. Ohne die Apostel wären die Gemeinden auseinandergefallen, ja noch nicht einmal entstanden. Dass zwischen Petrus und Paulus kein Keil getrieben werden kann, sondern eine theologisch begründete und praktisch folgenreiche Verständigung geschieht, hat das Christentum aller Zeiten geprägt. An der Jerusalemer Versammlung scheitern alle neuzeitlichen Theorien, es habe nie die „eine" Kirche gegeben, die Reformation z.B. habe nur die immer schon bestehende Spaltung an einer Sollbruchstelle, dem Papsttum und der Amtskirche, sichtbar gemacht. Von allen anachronistischen Rückprojektionen dieser Idee abgesehen, besagen der Galaterbrief und die Apostelgeschichte aber ganz im Gegenteil, dass es in einer tiefen Krise, die den Keim der Spaltung in sich trug, durch eine enorme theologische Anstrengung gelungen ist, Gemeinschaft zu finden – sofern bei Paulus nicht der Wunsch der Vater des Gedankens gewesen ist und Lukas nicht einen eklatanten Fehler begangen hat.

Die Gemeinschaft der Apostel bedeutet allerdings nicht Uniformität, sondern eine – nicht beliebige, aber – bestimmte Vielfalt. Die Vielfalt ist bestimmt durch die gemeinsame Sendung, die grundlegend gerade durch die Apostel geschieht. Die Sendung der Apostel ist vielfältig unter zwei Aspekten: Das Evangelium hat so viele Stimmen, wie es Verkündiger hat; und es schafft so viele Weise der Bejahung, wie es Hörer findet. Solche Vielfalt kann es nur geben, weil es nach dem Neuen Testament nur *ein* Evangelium Gottes, nur *ein* Evangelium Jesu Christi gibt: und zwar nicht deshalb, weil jene Einheit durch eine menschliche Verständigungsarbeit zustandegekommen wäre, sondern weil Gott der eine ist und nicht heute so und morgen so redet, sondern sein Ohr den menschlichen Klagen, Bitten, Lob- und Dankgesängen leiht, aber treu ist in seinem Wort.

Die Idee der Gemeinschaft ist freilich belastet. In Deutschland hat sie sich ausgangs des 19. und eingangs des 20. Jahrhunderts mit antidemokratischen und integralistischen Kräften verbunden, die gegen den offenen Meinungsstreit auf einen natürlichen Zusammenhalt gesetzt haben, wie er durch Volk und Vaterland gestiftet werden.[3] Bei Paulus freilich ist von solcher Ideologie nichts zu spüren. Der Begriff der Gemeinschaft ist christologisch geprägt. Er ist gefüllt von der Eucharistie: „Der Kelch des Segens, den wir segnen – ist er nicht Gemeinschaft des Blutes Christi? Das Brot, das wir brechen, ist es nicht Gemeinschaft des Leibes Christi? Ein Brot ist es, so sind wir vielen ein Leib; denn wir alle haben teil an dem einen Brot" (1Kor 10,16f.). Die Gemeinschaft der Kirche gründet nach 1Kor 10,16f. in derjenigen Gemeinschaft, die Jesus Christus durch sein Leib und sein Blut stiftet, durch die Hingabe seines Lebens „für euch" (1Kor 11,23ff.). Darin ist die Einheit begründet der Kirche. Sie zeigt und verwirklicht sich in der „Kommunion": im Essen des eucharistischen Brotes, im Trinken des eucharistischen Kelches.

Christologisch ist aber auch die Vielfalt der Kirche begründet. Paulus zeigt sie in 1Kor 12 an den Charismen und am Leibe Christi auf. Der eine Leib Christi hat notwendig viele Glieder; und die vielen Glieder haben notwendig nur einen und denselben Leib. Vielfalt und Einheit wachsen im gleichen Maße. Paulus bezieht dieses Gleichnis auf die Charismen. Hier herrscht dieselbe Logik. Nicht obwohl, sondern weil es nur einen Gott, einen Kyrios und einen Geist gibt, entwickelt sich eine Vielzahl der Charismen, Dienste und Wirkkräfte in der Kirche (1Kor 12,4ff.). Die Dialektik von Einheit und Vielfalt kann nach Paulus nicht auf alles mögliche, sondern nur auf die Kirche Jesu bezogen werden, wie sie sich vor Ort – z. B. in Korinth – realisiert, aber „an jedem Ort“ ausbreitet, bei „allen, die den Namen unseren Herrn Jesus Christus anrufen“ (1Kor 1,2).

Die Dialektik geht so weit, dass der Apostel in den harten Konflikten, die ausgerechnet beim Mahl des Herrn ausgebrochen sind, urteilt, es müsse unter den Glaubenden „Häresien“ geben, damit offenbar werde, wer sich in der Erprobung bewähre (1Kor 11,19). Paulus formuliert allerdings sehr sorgfältig – so differenziert, dass später das Kirchenrecht seine Unterscheidungen und Beurteilungen auf die paulinische Terminologie projiziert hat. Was Paulus ablehnt (1Kor 11,18), sind „Spaltungen“ *(schísmata);* die Gemeinde soll beisammen bleiben und nicht auseinanderfallen. Aber es ist doch wichtig, dass es „Parteiungen“ gibt, wie das griechische *hairéseis* meist übersetzt wird. Paulus meint die Auseinandersetzungen, die geführt werden müssen, damit nicht Friedhofsruhe in der Kirche herrscht und kein Anpassungsdruck entsteht, sondern die Wahrheit gesucht und gefunden werden kann, an der die Kirche hängt. Das Ziel ist die Versöhnung der Feinde und die Arbeit mit vereinten Kräften am Aufbau der Kirche.

3. Antiochenischer Konflikt

Die Übereinkunft von Jerusalem hat spätere Konflikte nicht ausgeschlossen, sondern provoziert, aber auch lösbar werden lassen. Paulus selbst berichtet im Galaterbrief unmittelbar nach dem „Apostelkonzil“ von einem schweren Konflikt in Antiochia (Gal 2,11–14).[4] Dort werden die innenpolitischen Konsequenzen der außenpolitisch wegweisenden Entscheidung deutlich. Antiochia ist jene Ortskirche, in der nach der Apostelgeschichte die Christen erstmals Christen genannt worden seien – weil dort erstmals „den Griechen“ gezielt das Evangelium verkündet worden sei (Apg 11,19–26).

Dieses Projekt ist in Jerusalem akzeptiert worden. Aber der dortige Beschluss setzte auf Differenzierung: „wir zu den Heiden, sie zur Beschneidung“ (Gal 2,9). Was aber, wenn beide, Juden und Heiden, als Christen in einer Gemeinde zusammenleben?

Der Streit darüber bricht in Antiochia aus. Nur Paulus berichtet von ihm, nicht Lukas – sei es, weil er den Konflikt verschweigen wollte (wie die Forschung meist annimmt), sei es, weil er ihn nicht so wichtig fand. Paulus ist Partei; sein Bericht ist tendenziös. Aber er ist detailliert genug, dass ein in etwa klares Bild entstehen kann. Danach hat Petrus, als er nach Antiochien kam, zuerst ohne Kautelen an der – eucharistischen – Tischgemeinschaft von Juden- und Heidenchristen teilgenommen. Das ändert sich aber, als „einige von Jakobus“ aus der Urgemeinde kommen. Ihretwegen zieht Petrus sich zurück – und mit ihm alle anderen Judenchristen, selbst Barnabas. Paulus bewertet dies als „Heuchelei“ – als ein Verhalten, das wider besseres Wissen geschieht, und zwar aus Furcht vor „denen der Beschneidung“ (Gal 2,12). Leider gibt Paulus keine näheren Informationen; aber es liegt nahe, an politischen Druck aus der jüdischen Umgebung zu denken, der womöglich von Jerusalem nach Antiochia weitergegeben worden ist.

Paulus schreibt jedenfalls, er habe Petrus „ins Angesicht widerstanden, weil er sich ins Unrecht gesetzt hatte“ (Gal 2,11). Sein Vorwurf an Kephas ist, vom Weg der Wahrheit abgewichen zu sein, und auf die Heidenchristen Druck ausgeübt zu haben, „jüdisch“ zu leben, womit (wenigstens) die verpflichtende Übernahme der Speisegebote verbunden gewesen ist. Seine Strategie ist es, Petrus an die gemeinsame judenchristliche Glaubenserkenntnis zu erinnern: „Wir, von Geburt Juden und nicht sündige Heiden, wissend, dass kein Menschen aus Werken des Gesetzes gerechtfertigt wird, sondern aus dem Glauben Jesu Christi, sind auch zum Glauben an Jesus Christus gelangt, damit wir aus dem Christusglauben gerechtfertigt werden und nicht aus Werken des Gesetzes, denn aus Werken des Gesetzes wird kein Fleisch gerechtfertigt“ (Gal 2,15f.). Der Abschnitt ist gattungskritisch schwierig, weil Paulus aus einem Bericht über den antiochenischen Streit in eine These zur Rechtfertigungslehre übergeht, wie er sie in der galatischen Auseinandersetzung braucht. Die 1. Person Plural zeigt aber, dass Paulus das Prinzip der Rechtfertigung nicht als Kontroverse, sondern als Konsens darlegt, den auch Petrus teilt – wiewohl er in Antiochia ihm zuwider gehandelt habe, weil er *de facto* die Heidenchristen auf „Gesetzeswerke“ festlege, wenn er sonst die Tischgemeinschaft mit ihnen verweigere. In die Rechtfertigungsthese ist das archaische Credo „Ich glaube an Jesus Christus“ – „Wir glauben an Jesus Christus“ eingegangen. Die Rechtfertigungsthese reflektiert das Credo. Durch sie wird deutlich, wie ernst es genommen wird: sowohl hinsichtlich der Hoffnung auf Heil als auch hinsichtlich des Lebens in der Kirche.[5]

Wie immer es um die historischen Details bestellt sein mag – der Galaterbrief hat eine überragende ökumenische Bedeutung. Er setzt sich wirklich mit der Gefahr einer Spaltung der Kirche auseinander – und plädiert für die Einheit der Kirche, aber nicht um jeden Preis und nicht auf eine integralistische, sondern entschiedene und differenzierte Weise. An zwei Punkten wird diese Einheit festgemacht: an der Anerkennung aller von Jesus Christus dazu Berufenen als Apostel und an der Anerkennung der Rechtfertigungslehre als Kriterium der Christologie.

An beiden Punkten bricht ein anscheinend unversöhnlicher Konflikt mit den Gegnern des Paulus in Galatien auf, die – wie der Apostel es sieht – ein Anti-Evangelium propagieren (Gal 1,6–9). An beiden Punkten gibt es aber eine – konfliktreiche – Verständigung zwischen Petrus und

Paulus, jedenfalls wenn man dem Galaterbrief folgt. In der Exegese liest man allerdings oft, Paulus habe den Kürzeren gezogen und sei – im Groll – seiner eigenen Wege gegangen. Davon steht aber im Text nichts. Das Verhältnis des Paulus zu Petrus war offensichtlich nicht nachhaltig getrübt (vgl. 1Kor 1,12; 3,22; 9,5; Gal 1,16–21). Auch die Verbindungen nach Antiochia sind im Zuge der selbständigen Missionsarbeit des Paulus nach dem „Apostelkonzil" nicht abgebrochen, wenn man der Apostelgeschichte Glauben schenkt (Apg 18,22f.).

Selbst wenn man skeptischer urteilt: Der antiochenische Konflikt ist gelöst worden; die Lösung hat die Einheit der Kirche gestärkt, er hat auch idealtypisch die Unterschiede zwischen Petrus und Paulus hervortreten lassen, die beide für die Kirche grundlegende Bedeutung haben.

4. Tübinger Kontroverse

1951 hat Ernst Käsemann die viel zitierte These aufgestellt, der neutestamentliche Kanon begründe „als solcher nicht die Einheit der Kirche", sondern ... die Vielzahl der Konfessionen"[6]. Nicht ganz so häufig wird der Schluss desselben Aufsatzes zitiert: „Die Spannung von Geist und Schrift ist konstitutiv. Das heißt, dass der Kanon nicht einfach mit dem Evangelium identisch und Gottes Wort nur insofern ist, als er Evangelium ist und wird. Insofern begründet dann auch er die Einheit der Kirche. Denn allein das Evangelium begründet die eine Kirche in allen Zeiten und an allen Orten." Entsprechend schränkt Käsemann die Ausgangsthese auch ein: Der Kanon begründe nur „in seiner dem Historiker zugänglichen Vorfindlichkeit" die Vielfalt der Konfessionen, während er qua Evangelium die Einheit der Kirche begründe.

Die etwas gedrechselten Formulierungen zeigen ein tiefes Problem an. Käsemann variiert die neoprotestantische These, es gäbe eine Diastase zwischen der unsichtbaren Kirche Jesu Christi, die wesenhaft „eine“ sei, wie auch das Credo bekennt, und den geschichtlich sich entwickelnden „Konfessionen“, in denen sich die sichtbaren „Kirchentümer“ darstellten. Diese moderne Unterscheidung bezieht der Bultmann-Schüler auf die Unterschiede zwischen dem zurück, was der Exeget als Historiker erkenne, der die siebenundzwanzig Schriften lese, und als Theologie, der ihnen das Wort Gottes ablausche.

Diese Diastase indes ist künstlich. Sie führt zu einer doppelten Wahrheit und zu einer gespaltenen Existenz. Zwar ist die kanonische Exegese nicht identisch mit der historisch-kritischen. Es herrscht auch immer eine uneinholbare Differenz zwischen der Kirche, wie Jesus Christus sie nach christlichem Glauben gewollt hat, und dem kirchlichen Leben, wie es nach bestem Wissen und Gewissen diejenigen leben, deren Geist zwar willig, deren Fleisch aber schwach ist. Von Schuld und Versagen sind auch die höchsten Amtsträger der Kirche nicht frei. Das hat am 17. Januar 2008 Papst Benedikt in seiner Rede, die er vor der römischen Universität „Sapienza“ zu halten gehindert wurde, eingeräumt, als er, den Fall Galilei im Sinn, formulierte: „Manches, was von den Theologen im Laufe der Geschichte gesagt oder auch von kirchlicher Autorität praktiziert wurde, ist von der Geschichte falsifiziert worden und beschämt uns heute“.

Dennoch übersieht Käsemann Entscheidendes. Der Kanon ist eine geschichtlich gewachsene Größe.[7] Es gab Streit um einzelne Schriften. Die Kanonbildung hat auch Grenzpfähle zwischen Orthodoxie und Heterodoxie eingeschlagen (um es traditionell zu formulieren). Aber der Kanon selbst treibt die Kirche nicht auseinander, sondern hält sie zusammen, mindestens in ihrer großen Mehrheit. Es ist genau die Funktion von Kanonlisten, der innerkirchlichen Verständigung zu dienen. Im Einzelnen kann es Abweichungen sowohl bei der Komposition als auch bei bestimmten Büchern geben, ebenso Unterschiede im Lesen und Verstehen der Bibel, obgleich zum Kanon klassisch die *regula fidei* gehört, das Credo als Interpretationsschlüssel. Doch allein die Existenz der Listen zeigt, dass Wildwuchs beschnitten und die Vielfalt in eine einheitliche Form gegossen werden soll, die allerdings eben für – nicht alles, aber – vieles Raum bietet.

Fragt man im Rückblick nach Kriterien der Kanonbildung, ist „Katholizität" ein wesentliches Prinzip.[8] Gemeint ist, dass die Schriften – *idealiter* – in allen Gemeinden Anerkennung finden sollten. Das ist in der Universalität der Heilsbedeutung Jesu angelegt, die ihrerseits zurr Universalität der Kirche führt. Die Jünger sollen nach Mt 28,16–20 überall dort die Völker zu Jüngern machen, wo Jesus gegenwärtig ist: bis ans Ende der Welt. Überall wird die eine Taufe „auf den Namen des Vaters und des Sohn und des Heiligen Geistes" gespendet; überall soll die eine Lehre Jesu Christi zu Glaube und Nachfolge führen.

Entscheidend gegen Käsemanns Diastase von Historie und Theologie spricht aber auch das Zeugnis des Kanons selbst, auf den er sich bezieht. Kanon ist er nur, insofern er, paulinisch gesprochen, die Richtschnur entlang der Wahrheit des Evangeliums ausspannt (Gal 6,16). Die Einheit des Evangeliums, aus der die Einheit der Kirche folgt, wenn sie sich nicht zu dessen Herrin aufschwingen will, wird aber von Käsemann konzediert. Das Evangelium ist jedoch keine ungeschichtliche Größe. Es teilt sich durch Menschen auf menschliche Weise mit. Die Schriftform hilft dem Gedächtnis auf die Sprünge. Der biblische Kanon markiert Unterschiede: zwischen den beiden Testamenten; zwischen den biblischen Büchern; zwischen verschiedenen Autoren und Adressaten; zwischen unterschiedlichen Zeiten und Räumen. Bei weitem nicht alle Angaben halten einer historischen Überprüfung stand. Aber auch wenn sie fiktiv sind, signalisieren sie die geschichtliche Entstehung der Heiligen Schrift, ihre Vielseitigkeit und ihren Spannungsreichtum. Nur deshalb kann die Bibel von Menschen in ganz unterschiedlichen Zeiten und Zonen, in schier unvereinbaren Situationen und Kulturen als ihre Heilige Schrift entdeckt werden, die sie vor die Wahrheit ihres Lebens, die Wahrheit Gottes stellt, wie sie im Menschenwort zu hören ist, das die Bibel schriftlich aufzeichnet.

5. Römische Unterscheidung

Auf dem Zweiten Vatikanischen Konzil haben die Väter gerungen, um möglichst positiv über Orthodoxe und Protestanten zu sprechen. Bei der Orthodoxen gelang der Nachweis einer alten Tradition, dass sie als „Kirche" angesprochen worden sind, und zwar nicht aus Höflichkeit, sondern aus der theologisch begründeten Überzeugung, in der Ekklesiologie wesentlich einig zu sein, auch was ihre Sakramentalität und das dreifache Amt betrifft, wiewohl vielleicht ein „cum Petro", aber nicht ein „sub Petrum" anerkannt wird.

Bei den Evangelischen gelang dieser Nachweis nicht. Aus zwei Gründen sprach man stattdessen von „kirchlichen Gemeinschaften": weil auch katholische Augen bei ihnen eine Vielzahl wesentlicher Elemente des Kircheseins entdecken können und weil man ihnen nicht das katholische Kirchenverständnis ohne weiteres überstülpen wollte, zumal es auf evangelischer Seite viele gäbe, die sich gar nicht als „Kirche" sähen. Beide Argumente lassen sich nicht von der Hand weisen: Durch die Ökumenischen Dialoge der letzten Jahrzehnte ist der Bestand an Gemeinsamkeiten noch erheblich gewachsen und vertieft worden, ohne dass es allerdings bislang eine angemessene vatikanische Rezeption jener Bemühungen gäbe. In der gesamten Lutherbibel ist das Wort „Kirche" nicht zu finden; stattdessen hat sich Luther, auch wenn es um die *una sancta* geht, für „Gemeinde“ entschieden weil er den Gemeinschaftscharakter der Kirche betonen wollte.

Die Deutung des ‚subsistit‘, in den „Fünf Fragen und Antworten“ der Glaubenskongregation, die im Juli 2007 vorgelegt worden sind, fügt sich insofern in diese Sicht ein, als sie erklärt, die Basis der Anerkennung anderer sei keine Relativierung, sondern eine Affirmation des eigenen Kircheseins. In der Kirchenkonstitution sei deshalb nicht ‚est‘, sondern ‚subsistit‘ geschrieben worden (LG 8), weil so klarer werde, weshalb Lumen Gentium auch den Evangelischen „vielfältige Elemente der Heiligung und der Wahrheit“ zuspreche. Dass in ihr die eine Kirche Jesu Christi „subsistiere“, ist ein Alleinstellungsmerkmal der katholischen Kirche auch gegenüber den Orthodoxen. Den „Gemeinschaften“, die aus der Reformation hervorgegangen seien, fehle allerdings das Weihesakrament. Deshalb seien sie für die katholische Theologie nicht „Kirche im eigentlichen Sinn“ des Wortes.

Darüber ist aber, eingedenk der ökumenischen Dialoge, das letzte Wort noch nicht gesprochen. Es ist richtig, dass aus katholischer – und orthodoxer – Sicht die „apostolische Sukzession im Weiheamt“ ein unverzichtbares Moment des Kircheseins darstellt. In der Sache geht es dabei um die geistgewirkte, personale und diakonale Kontinuität zu den Aposteln und ihrem Evangelium. Das Amt gehört insofern zum Kanon wie der Kanon zum Amt, zumal er die Entwicklung des kirchlichen Amtes dokumentiert und das Amt zur Kanonisierung erheblich beigetragen hat.

Aber sowohl auf internationaler als auch auf nationaler Ebene ist das Thema „Apostolizität“ der Kirche derzeit ein großes Thema.[9] Hier zeichnet sich eine interessante Konstellation ab. Biblische und historische Studien können die katholische Theologie dahin führen, zwischen presbyterialer und episkopaler Sukzession nicht so strikt zu unterscheiden, wie manche es aus den Texten des Zweiten Vatikanischen

Konzils herauslesen. Dort wird das vorläufige Ende eines langen Weges definiert, ohne dass damit auch schon jede einzelne Etappe abschließend bewertet würde. Mit der Orthodoxie wird es an diesem Punkte durchaus Konflikte geben, weil exegetische und historische Forschungen ihr weniger Anlass zu Differenzierungen des theologischen Urteils geben; doch kann die exegetische und historische Differenzierung die Sakramentalität des Amtes deutlicher hervortreten lassen, heißt: ihre Prägung durch die Herrschaft Christi über die Kirche, ihre Ausrichtung auf die Mündigkeit der Glaubenden und ihre Vollmacht durch die Gabe des Geistes, das Amt im Sinne Christi auszuführen.

Die evangelische Theologie ist deshalb gefragt, ob sie die Theorie des „allgemeinen Priestertums" tatsächlich so ausbauen will, dass sie das „Amt" nur als Ordnungsfaktor gelten lässt, der reguliert, wer zum besseren Funktionieren der Gemeinschaf tatsächlich tun darf, was prinzipiell aufgrund der Taufe alle tun können, oder ob sie die Linie der ökumenischen Konsensdokumente fortschreibt, dass die Ordination sakramentalen Charakter hat, ob sie nun so genannt wird oder nicht. Handauflegung und Gebet, wie sie in den Pastoralbriefen – aus jüdischer Tradition – für die Ordination vorgesehen werden, sind jedenfalls nicht nur ein Verwaltungsakt, sondern Bitte an Gott, die erfüllt wird, Dank an Gott, der Grund hat, Segen durch Gott, der wirksam ist.

Käsemanns Ausgangsthese hat einen apologetischen Klang. Sie affirmiert den status quo der konfessionellen Spaltung. Käsemanns Schlussthese aber fällt hinter die Ekklesiologie des Neuen Testaments zurück, wie sie der Kanon dokumentiert. Denn die Kirche ist eine oder keine. Sie realisiert sich auf der ganzen Welt vor Ort, in der Geschichte, durch die Menschen, die den Glauben leben. Dieser Glaube führt nicht in die Vereinzelung, sondern in die von Jesus selbst durch Fleisch und Blut gestiftete Koinonia. Die Kirche geht nie in einer geschichtlichen Gestalt ganz auf, aber sie ist auch keine zeitlose Idee.

Die Unterscheidung zwischen „Kirchen" und „kirchlichen Gemeinschaften", die auf dem Konzil *bona fide* getroffen worden ist, ist nicht der Weisheit letzter Schluss. In der Zeit nach dem Konzil hat sie eine neue Funktion erhalten: Sie dient nicht mehr der Anerkennung der evangelischen „kirchlichen Gemeinschaften" durch die katholische Kirche, sondern der Distanzierung von ihnen. Das führt zu Spannungen mit einer starken Bewegung auf evangelischer Seite, ihr Kirche-Sein deutlicher zu artikulieren. Im Neuen Testament selbst gibt es keinerlei Anhaltspunkt für die vatikanische Terminologie. Sie kann deshalb nur ein Notbehelf sein, der die Diskussion nicht beendet, sondern anstößt auf dem Weg der Suche nach Einheit.

6. Ökumenische Weite

Häufig heißt es in der Ökumene, man solle sich an der „Einheit des ersten Jahrtausends" orientieren. Das wäre gegenüber vielen Auswüchsen der Kontroverstheologie in Ost und West sicher ein Vorteil. Aber es reicht nicht aus, zumal es im ersten Jahrtausend doch viele problematische Ausgrenzungen gegeben hat, die heute mühsam aufgearbeitet werden.

Wer wirklich Impulse aus der Vergangenheit für eine ökumenische Weite und Tiefe nutzen will, muss besser zurück in die neutestamentliche Zeit, so wie der Kanon sie dokumentiert hat. Denn hier herrscht nicht heile Welt, ist aber die Idee der Kirche als *Communio* lebendig, die christologisch und eucharistisch geprägt ist.

Die paulinische Ekklesiologie, die mit Abstand am besten dokumentiert ist, einschließlich der Briefe aus der Hand seiner Schüler, ist die beste Adresse, um die Dialektik der Einheit zu erkennen. Der Galaterbrief, ein hoch kontroverses Schreiben von Anfang an[10], gibt die entscheidenden Wegmarken vor. Nach ihm müssen zwei Bedingungen für die Einheit der Kirche erfüllt sein: erstens die apostolische Basis, die ihrerseits auf die Sendung durch Christus verweist; zweitens die Übereinstimmung in der Rechtfertigungslehre, die ihrerseits die grundlegende Bedeutung der Christologie sichert.

Im Lichte des Galaterbriefes ist es konsequent, dass der differenzierte Konsens in der Rechtfertigungslehre, der 1999 in Augsburg durch die „Gemeinsame Erklärung“ besiegelt wurde, eine notwendige, aber nicht hinreichende Bedingung der Kircheneinheit darstellt. Wesentlich ist ebenso – und zwar grundlegend – die Übereinstimmung im Verständnis kirchlicher Apostolizität. Darauf muss die künftige Arbeit der Ökumene sich konzentrieren. *Dominus Iesus* ist insofern hilfreich, als das Dokument ja gerade den Primat der Christologie und insofern das *solus Christus* festschreibt, das freilich nicht gegen die Heilsbedeutung der Kirche spricht, da ja Jesus selbst die Nähe der Gottesherrschaft auch durch seine Jünger vermittelt hat und nach Ostern die Apostel zur Verkündigung des Evangeliums wie zur Grundlegung der Kirche ausgesandt hat (1Kor 3,10–17; 15,1–11). Die *ecclesia apostolica* bedarf des Amtes in apostolischer Sukzession, was ökumenischer Konsens nicht nur zwischen Orthodoxen, Katholiken und Anglikanern ist, sondern auch mit Protestanten sein kann, geht aber darin nicht auf, weil es das Amt nur um des Evangeliums und des rechtfertigenden Glaubens willen gibt.

Auf katholischer Seite müssten mindestens drei Gründe zu einer neuen Initiative führen, über das Kirche-Sein evangelischer Glaubens„gemeinschaften“ neu nachzudenken: erstens der neutestamentliche Befund, dass die Pastoralbriefe, die sehr nahe an das katholische Kirchenbild mit dem Amt des Bischofs, der Presbyter und der Diakone herankommen, nicht schon das ganze Neue Testament absorbieren und nie für das Ganze der paulinischen Ekklesiologie gestanden haben, sondern nie ohne Kenntnis der anderen Apostelbriefe, z.B. der korinthischen Korrespondenz mit ihrer Charismenlehre; zweitens die historische Beobachtung, dass auch die katholische Kirche erhebliche Entwicklungen in der Ausgestaltung des Amtes kennt, die nicht einfach als „embryonale" Entwicklungsphasen abgetan werden können und heute eine genauere Verhältnisbestimmung zwischen dem sakramentalen *ordo* und dem kirchlichen *ministerium* fordern; drittens die Anerkennung einer essentiellen Übereinstimmung – bei allen Unterschieden – in Sachen Rechtfertigung, die sich nicht nur auf den gemeinsamen vorreformatorischen Glaubensschatz, sondern ausdrücklich auf die Entwicklung in und nach der Reformation bezieht, was nicht ohne Auswirkung auf die Kirchlichkeit der protestantischen „Gemeinschaften" bleiben kann. Umgekehrt muss sich die evangelische Theologie dem Anspruch des gesamten Kanons einschließlich der Pastoralbriefe und dem Prozess der Kanonisierung stellen; sie muss den neuzeitlichen Funktionalismus in der Amtstheologie überwinden, um dem neutestamentlichen Diakonia-Denken gerecht zu werden; und sie muss erklären, ob sie eineinhalb Jahrtausende gemeinsamer Kirchengeschichte in der Amtstheologie nur als Missverständnis betrachtet, das Luther aufgeklärt hätte, oder als Pfund, mit dem ökumenisch zu wuchern wäre.

Die Ökumenische Theologie wird sich im Kreise drehen, wenn sie nur die eigenen Konsense fortschreibt. Sie braucht den harten Kontakt mit der Realität und die Kritik anderer theologischer Disziplinen. Sonst blüht ihr das Schicksal eines theologischen Mauerblümchens. Sie muss aber zu neuer Stärke finden, weil die Konfessionen gar nicht hoffen können, im Wettbewerb der Religionen unter dem massiven Säkularisierungsdruck zu bestehen, wenn sie ihre internen Konflikte nicht beilegen können.

Die Exegese, wenn sie bei den Texten und ihrer Sache bleibt, wird die Suche nach Einheit fördern – und deren Dialektik aufdecken, die im Grundgedanken der Koinonia steckt: Vielfalt durch Einheit – Einheit durch Vielfalt.

Anmerkungen

1 Im Folgenden führe ich Gedanken weiter aus meiner Monographie: *Einheit der Heiligen Schrift? Zur biblischen Theologie des Kanons* (QD 211), Freiburg–Basel–Wien 2005. Außerdem beziehe ich mich auf meinem Beitrag: *Ekklesia und Koinonia. Grundbegriffe paulinischer Ekklesiologie*, in: Catholica 57 (2003) 107–123.

2 Vgl. zur ökumenischen Relevanz F. Hahn, *Die Bedeutung des Apostelkonvents für die Einheit der Christenheit* (1982), in: ders., *Exegetische Beiträge zum ökumenischen Gespräch*, Göttingen 1986, 95–115.

3 Vgl. K. Sontheimer, *Antidemokratisches Denken in der Weimarer Republik*, München 1962.

4 Zu den kontroverstheologischen und ökumenischen Bestrebungen der Exegese vgl. A. Wechsler, *Geschichtsbild und Apostelstreit. Eine forschungsgeschichtliche und exegetische Studie über den antiochenischen Zwischenfall* (BZNW 62), Berlin 1991.

5 Diesen Punkt markiert J. Ratzinger, *Wie weit trägt der Konsens über die Rechtfertigungslehre?*, in: Internationale katholische Zeitschrift Communio 29 (2000) 424–437.

6 *Begründet der neutestamentliche Kanon die Einheit der Kirche?* (1951), in: ders. (Hg.), *Das Neue Testament als Kanon*, Göttingen 1970, 124–133, hier 131.

7 Vgl. H. van Lips, *Der neutestamentliche Kanon* (ZGB), Zürich 2004.

8 Vgl. Johanna Rahner, *Gotteswort in Menschenwort. Die Bibel als Urkunde des Glaubens*, in: Susanne Gillmayr-Bucher – Johanna Rahner – Thomas Meurer – Thomas Söding – Alexander Weihs, *Bibel verstehen. Schriftverständnis und Schriftauslegung* (Theologische Module 5), Freiburg–Basel–Wien 2008, 7–35, hier 28.

9 *The Apostolicity of the Church. Study Document of the Lutheran-Roman Catholic Commission for Unity*, Minneapolis 2006 (deutsche Version in Vorbereitung); Dorothea Sattler – Gunther Wenz (Hg.), *Das kirchliche Amt in apostolischer Nachfolge* I–II, Freiburg–Basel–Wien 2004. 2006. Ein dritter Band mit einem „Abschließenden Bericht“ wird voraussichtlich noch 2008 erscheinen.

10 Näheres in meinem Artikel: *Die Rechtfertigungslehre des Galaterbriefes im Streit der Interpretation*, in: Theologische Literaturzeitung 131 (2006) 1003–1020.

Problematische Verengungen

Kritische Rückfragen an das römische Dokument

von Bernd Jochen Hilberath

Warum jetzt? So fragen an Kirche und Ökumenischer Bewegung interessierte Christinnen und Christen angesichts der „Antworten auf Fragen zu einigen Aspekten bezüglich der Lehre über die Kirche". Die Sperrfrist endete am 10. Juli, unterzeichnet wurde der Text am 29. Juni vom Präfekten und vom Sekretär der Glaubenskongregation, nachdem Papst Benedikt XVI. ihnen eine Audienz gewährte und die Antworten gut hieß und bestätigte.

1. Der theologische Streit um das ‚subsistit in'…

Warum jetzt? Mit guten Gründen wird vermutet, dass die Kongregation in der neuerlichen Auseinandersetzung um die Formulierung ‚subsistit in' Position beziehen wollte – oder sollte. Neu angefacht hatte diese Debatte Alexandra von Teuffenbach[1], die in ihrer Dissertation an der Gregoriana unter Rückgriff auf den Konzilstheologen P. Sebastian Tromp[2] behauptete, der von diesem vorgeschlagene Wechsel der Formel ‚est' (oder ‚adest') in ‚subsistit in' sei im Sinne einer exklusiven Identität der Kirche Jesu Christi mit der (römisch-)katholischen Kirche zu interpretieren.[3] Teuffenbachs forcierter Interpretation wurde von kompetenten Konzilsforschern wie G. Wassilowsky[4] widersprochen. Es sei „völlig unsachgemäß…, einen Begriff, der während einer einzelnen Kommissionssitzung im November 1963 eingebracht wurde, vollkommen ohne Beachtung des größeren konziliaren Kontextes auszulegen. Selbst wenn der endgültige Vorschlag zum ‚subsisitit in' tatsächlich von Tromp stammen sollte, ist es unzulässig, wenn … der Bedeutungsgehalt dieser Eingabe rein von Tromps vorkonziliarem Schrifttum oder von seiner Arbeit an Schema I abgeleitet wird… Im Wechsel vom ‚est' zum ‚subsistit' drückt sich der gesamte ökumenische Perspektivenwechsel aus."

2. … als Streit um die Auslegung des Konzils

Diese und weitere Beobachtungen am Text selbst bestätigen den Eindruck, dass es dem vatikanischen Schreiben in erster Linie nicht um den Ökumenismus, sondern um die Interpretation des Zweiten Vatikanischen Konzils geht. Gerichtet sind die Responsa ja an die Theologen, die „irrige Interpretationen" vorlegten und dadurch „Verwirrung und Zweifel" geweckt haben. Kann aber die im Kommentar zu den *Responsa* eigens hervorgehobene literarische Gattung „Antworten auf Fragen" einen Beitrag zur „gesunden theologischen Forschung" leisten, wenn diese Antworten „ihrer Natur nach nicht Argumentationen für den Aufweis der dargelegten Lehre liefern, sondern sich darauf beschränken, Äußerungen des vorhergehenden Lehramts in Erinnerung zu rufen"? Was ist das für eine Selbstauffassung, wenn man meint, „somit ein sicheres und zuverlässiges Wort zum Thema zu sagen"?

Braucht unsere Kirche nicht ein Kommunikationssystem, in dem der Trialog zwischen den drei Großsubjekten der Glaubenskommunikation, dem Volk Gottes, der wissenschaftlich arbeitenden Theologie und dem bischöflich-päpstlichen Lehramt, in Freimut und geschwisterlicher Offenheit, auch für eine *correctio fraterna*, geführt werden kann?

Derzeit ist freilich der Eindruck nicht von der Hand zu weisen, dass sich Papst und Kurie (und interessierte römische Theologen) einseitig den Gläubigen zuwenden, die ihr vorkonziliares Kirchenbild beibehalten und dieses durch die „tridentinische Liturgie“ und eine unökumenische Ekklesiologie hochhalten wollen. Niemand wird sich gegen die Bewahrung bewährten Erbes aussprechen. Freilich gilt auch, dass es „Treue [nur] im lebendigen Wandel“ geben kann.[5] Auf der anderen Seite zeigt die Erfahrung, dass Katholikinnen, die ihre Seelsorgerinnen und Theologen als authentische Zeugen des Evangeliums erfahren, dies normalerweise nicht nach Rom schreiben. Grund zur Beschwerde haben sie noch viel weniger. So entsteht offensichtlich ein einseitiges Bild von dem, was „die Gläubigen“ beunruhigt.

Auf dem Ersten Vatikanischen Konzil gehörten vor allem die deutschen Bischöfe zur Minderheit.[6] Sie hielten die Dogmatisierung der Unfehlbarkeit mindestens (auch in ökumenischer Hinsicht!) für inopportun, wenn sie nicht gar theologische Bedenken hatten. Bis auf vier reisten sie ab, so dass in der verabschiedeten Formel nicht die alte Formulierung „sich stützend auf den Rat und die Hilfe der universalen Kirche“[7], sondern das „aus sich, nicht aber aufgrund der Zustimmung [consensus!] der Kirche“[8] eingefügt wurde. Die Ekklesiologie der Minderheit, durch intensive theologische Forschung sowie Erfahrungen in den verschiedenen Bewegungen (liturgische, ökumenische, biblische, Arbeiter) der Gläubigen im Laufe der ersten Hälfte des 20. Jahrhunderts entwickelt, fand auf dem Zweiten Vatikanischen Konzil die Mehrheit. Papst Paul VI. bemühte sich sehr, auch die theologischen Anliegen der Minderheit – und das hieß vor allem auch: weiter Teile der Kurie – in die Texte zu integrieren. Notfalls (?) geschah dies unter Umgehung der Geschäftsordnung und durch entsprechenden Druck in letzter Minute. Mitte der 70er Jahre hatte sich die Kurie dann von dem „Betriebsunfall Konzil“ soweit erholt, dass sie erneut das Interpretationsmonopol beanspruchen konnte.

3. Kopernikanische Wende auf dem Konzil?

Auch Bischof Gerhard Ludwig Müller stellt die *Responsa* in diesen Zusammenhang. Das Zweite Vatikanum habe weder einen Bruch gebracht, wie manche Traditionalisten behaupteten, noch könne „von einer ‚kopernikanischen Wende' in der Grundauffassung der Offenbarung und Kirche" gesprochen werden.[9] Auch im vatikanischen Kommentar zu den *Responsa* ist im Zusammenhang der ersten Frage „Hat das Zweite Vatikanische Konzil die vorhergehende Lehre über die Kirche verändert?" von einer „kopernikanischen Wende" die Rede. Wie günstig der Begriff „kopernikanische Wende" auch immer sein mag, deutlich geändert hatte sich auf dem Konzil die ekklesiologische Perspektive. Diesen Wechsel brachte Msgr. Elchinger so auf den Punkt: „Gestern [...] habe man die Kirche vor allem als Institution betrachtet, heute erfahre man sie als Gemeinschaft. Gestern habe man vor allem auf den Papst geschaut, heute vergegenwärtige man sich den mit dem Papst vereinten Bischof. Gestern habe man den Bischof allein betrachtet, heute die Bischöfe zusammen. Gestern habe die Theologie die Wichtigkeit der Hierarchie hervorgehoben, heute entdecke sie das Volk Gottes. Gestern habe sie vor allem gesagt, was trennt, heute sage sie, was eint. Gestern habe die Theologie der Kirche vor allem deren inneres Leben betrachtet, heute schaue sie auf die nach außen hin gerichtete Kirche."[10]

4. Sind Entfaltung und Vertiefung keine Veränderungen?

Auf die erste Frage wird als Antwort vorgetragen: „Das Zweite Vatikanische Konzil wollte diese Lehre nicht verändern und hat sie auch nicht verändert, es wollte sie vielmehr entfalten, vertiefen und ausführlicher darlegen." Diese Antwort will offenbar diejenigen beruhigen, die jede Veränderung als Preisgabe der Substanz auffassen. Die geistesgeschichtlichen Wurzeln dieser Angst um Verlust der Identität werden in Bewegungen wie der von Erzbischof Marcel Lefebvre deutlich; offensichtlich ist das Gottesvolk als ganzes noch nicht durch die Modernismuskrise hindurchgegangen. Offenbarung und Erfahrung, Wahrheit und Geschichte sind für manche (im weltkirchlichen Maßstab: viele?) immer noch Alternativen, und im postmodernen Kontext steigert sich die Sehnsucht nach einem festen Fundament, von dem man glaubt, es nur in immer gleich bleibenden (z. B. liturgischen) Formen und (dogmatischen) Formeln zu „haben". Wer von dieser Einstellung bestimmt wird, ist kommunikationsunfähig. Deshalb wendet er sich im Konfliktfall an die Autorität, gegebenen falls an eine höhere, wenn die nächstliegende selbst beargwöhnt wird (also z. B. an den Nuntius statt an den Bischof). Ein Lehramt, das sich als pastorales versteht – und das hat das Zweite Vatikanische Konzil unterstrichen – , sollte sich nicht zu einer pastoralen Einäugigkeit verführen lassen: den einen kommt man in Liturgie und Ekklesiologie entgegen, andere bleiben (wie der „Fall" Jon Sobrino zeigt) Verdächtige.

Selbstverständlich lehrte das Zweite Vatikanische Konzil keine andere Ekklesiologie, zumal wir von „der" Ekklesiologie des Konzils gar nicht sprechen können. Jedoch ist der oben skizzierte Perspektivenwechsel mehr als eine bloße Oberflächenkorrektur. Die in den *Responsa* erwähnte Eröffnungsrede Johannes' XXIII. unterscheidet zwischen den Wahrheiten und ihrer Verkündigung.[11] Dies ist noch kein sehr differenziertes hermeneutisches Instrumentarium, aber differenzierter als die kurze Erwähnung und Inanspruchnahme in den „Antworten". Die Richtung gibt Johannes XXIII. durchaus vor: „Heiter und ruhigen Gewissens müssen die überlieferten Aussagen, die aus den Akten des Tridentinums und des I. Vatikanums hervorgehen, daraufhin genau geprüft und interpretiert werden. […] Ja, diese sichere und beständige Lehre, der gläubig zu gehorchen ist, muss so erforscht und ausgelegt werden, wie unsere Zeit es verlangt. Denn etwas anderes ist das Depositum Fidei oder die Wahrheiten, die in der zu verehrenden Lehre enthalten sind, und etwas anderes ist die Art und Weise, wie sie verkündet werden, freilich im gleichen Sinn und derselben Bedeutung. Hierauf ist viel Aufmerksamkeit zu verwenden; und, wenn es Not tut, muss geduldig daran gearbeitet werden, das heißt, alle Gründe müssen erwogen werden, um die Fragen zu klären, wie es einem Lehramt entspricht, dessen Wesen vorwiegend pastoral ist."[12]

Das hermeneutische Problem, dem bestimmte Gruppen in der Kirche aus dem Weg gehen wollen, besteht darin, dass wir den „ewigen Wahrheiten" immer nur in geschichtlicher Gestalt begegnen. Von daher gesehen ist die in den *Responsa* zitierte (die Ansprache Johannes' XXIII. wird nur erwähnt) Rede Papst Pauls VI. bei der Promulgation von *Lumen gentium* noch zu „harmlos". Freilich: Wer nicht argumentieren, sondern nur Autoritätsbeweise vortragen will, kann sich mit Zitaten begnügen. Dabei verlangt der beigefügte Kommentar geradezu eine theologische Erörterung, wenn er eine „Kontinuität zwischen der Lehre des Konzils und den nachfolgenden Verlautbarungen des Lehramts" behauptet. Auch vermag ich nicht zu bestätigen, dass in der Rezeption des Konzils die grundlegende theologische Perspektive „häufig zugunsten einzelner ekklesiologischer Aussagen vernachlässigt" worden sei.[13] Begnügte sich nicht die Glaubenskongregation mehrfach mit „Schreiben über einige Aspekte"?

5. Wie ist das ‚subsistit in' zu interpretieren?

Die Antwort der Glaubenskongregation ist eine Montage aus *Lumen gentium* 8 und *Unitatis redintegratio* 3 und 4, die dann durch mehrere nachkonziliare Dokumente ergänzt wird. LG 8 bildet mit LG 1 die ekklesiologische Klammer des ersten Kapitels der Kirchenkonstitution, das die Kirche als Mysterium, d.h. als Sakrament, theologisch bestimmt. Die analoge Anwendung des Sakramentsbegriffs ist dadurch sachlich gerechtfertigt, dass eine in der Sakramententheologie übliche Unterscheidung auch in der Ekklesiologie Anwendung finden kann, nämlich die Unterscheidung zwischen dem „sichtbaren Zeichen" (der Gemeinschaft von Menschen) und der „inneren Gnade" (dem Heilige Geist, der „das gesellschaftliche Gefüge der Kirche" in Dienst nimmt: LG 8,1). Die Kirchenkonstitution will in LG 8 den Zusammenhang des „sichtbaren Gefüges", der „mit hierarchischen Organen ausgestatteten Gesellschaft", mit der „heilige(n) Kirche, (der) Gemeinschaft des Glaubens, der Hoffnung und der Liebe" formulieren. Deshalb greift LG 8,2 auf den in der Ekklesiologie, vor allem der des Kirchenrechts, vertrauten Terminus *societas* zurück und formuliert: „Diese Kirche, in dieser Welt als Gesellschaft verfasst und geordnet, ist verwirklicht in der katholischen Kirche, die vom Nachfolger Petri und von den Bischöfen in Gemeinschaft mit ihm geleitet wird."

Diese dogmatische Feststellung intendiert zwei Aussagen: Erstens, dass die Kirche Jesu Christi tatsächlich in der „gesellschaftlichen Verfasstheit" der (römisch-)katholischen Kirche anzutreffen ist. In ihr realisiert sich die „Gnadenanstalt des Heiligen Geistes". Zweitens: Wie jedoch die dogmatische Grundbestimmung der Kirche als Sakrament impliziert, gibt es eine Entsprechung, aber keine Identität zwischen äußerem Zeichen und innerer Gnade. Das äußere Zeichen (Kirche) bezeichnet (als *signum*) und bewirkt (als *instrumentum*!), was die innere Gnade (der Heilige Geist) ermöglicht und schafft. So gesehen ist der in LG 8,2 unmittelbar folgende Satz keine nachträgliche Konzession, sondern konsequente Ausformulierung der bleibenden Differenz: „Das schließt nicht aus, dass außerhalb ihres Gefüges vielfältige Elemente der Heiligung und der Wahrheit zu finden sind, die als der Kirche Christi eigene Gaben auf die katholische Einheit drängen."

Im Klartext heißt dies: Die Kirche Christi ist mit Gaben beschenkt, die auch außerhalb der römisch-katholischen Kirche – als Gaben der Kirche Christi! – zu finden sind. Weil es Gaben der Kirche Christi sind, drängen sie auf die Einheit hin. Dies ist die katholische Einheit, nämlich die Einheit in der Kirche des Glaubensbekenntnisses, die im gesellschaftlichen Gefüge der römisch-katholischen Kirche präsent ist, aber – als innere Gnade – in ihr, dem äußeren Zeichen, nicht aufgeht. Deshalb kann „katholische Einheit" hier nicht die römisch-katholische Einheit im Sinne einer Rückkehr-Ökumene meinen, sondern die Einheit, die auch für die römisch-katholische Kirche erst gegeben ist, wenn sie sich in Einheit mit den anderen „Kirchen und kirchlichen Gemeinschaften" in dem sichtbaren Gefüge der einen Kirche Christi wieder findet. Nach Otto Hermann Pesch ist die Übersetzung ‚ist verwirklicht in' „überzogen": „Die Kirche des Glaubensbekenntnisses ist gerade nicht ‚verwirklicht', sondern: Die faktische Kirche bringt die ‚Kirche Jesu Christi' … *zur Erscheinung in einer geschichtlich begrenzten Gestalt.* Wenn das nicht der Sinn des Wortes subsistit gewesen sein sollte, hätte man ehrlicherweise auch gleich sagen können und sollen: Die faktische Kirche *ist* die Kirche Jesu Christi."[14]

Von daher verstehe ich nicht, inwiefern ‚subsistit' eine Bekräftigung des ‚est' sein kann. Nicht nachvollziehbar ist, dass die *Responsa* eine getreue Wiedergabe des Konzils darstellen sollen. Das kann nur aus der Perspektive der Macht formuliert sein: Wir legen jetzt fest, wie das Zweite Vatikanische Konzil heute von allen zu verstehen ist. Dass es sich (auch und vor allem) um eine Machtfrage handelt, zeigt sich daran, dass inzwischen versucht wird, bei „abweichenden"

Interpretationen das *Nihil obstat* in Frage zu stellen. Ein konziliarer Rezeptionsprozess in der Perspektive der Volk-Gottes-Ekklesiologie und einer Communio-Theologie, die ob ihrer Kommunikationsformen und -strukturen diesen Namen wirklich verdient, sieht anders aus! Die Machtzentrale lässt offenbar hochrangigen „Abweichlern" nur einen diplomatischen Ausweg, indem behauptet wird, das vatikanische Schreiben sei eine Einladung zum Dialog. Es gibt wohl einige, die das fassen können, die Mehrheit der Nichtkatholiken (und die der Katholiken?) wundert sich.

Der Kommentar verweist nun auf die *Notificatio* zur Ekklesiologie Leonardo Boffs, in der klargestellt sei, „dass nur eine einzige ‚Subsistenz' der wahren Kirche besteht". Das verwundert den dogmen- und theologiegeschichtlich informierten Leser. Der trinitätstheologische Gebrauch von ‚subsistentia' geht auf Marius Victorinus zurück; Boethius parallelisiert *subsistentia* mit *ousiosis*, die er von *ousia* und *hypostasis* unterscheidet.[15] Wird *hypostasis* statt mit *substantia* (was notorisch zu Missverständnissen zwischen griechischer und lateinischer Theologie führte) mit *subsistentia* wiedergegeben, bringt es die konkrete Realisierung, den Träger eines Wesens zum Ausdruck: So ist dem Konzil von Chalkedon zufolge in Jesus Christus der eine Träger (*hypostasis = persona = subsistentia*) von den beiden Naturen zu unterscheiden. In der Trinitätstheologie wird von den drei Personen des einen Wesens gesprochen. Person ist hier nicht im neuzeitlichen bzw. alltäglichen Sinn zu verstehen, sondern genau in diesem Sinn des Trägerseins; „drei Personen" meint also drei Hypostasen oder Subsistenzen. Der Begriff *subsistentia* dient nachgerade dazu, mehrere Konkretisierungen des einen Wesens zu denken. Wenn der Wechsel von ‚est' zu ‚subsistit in' auch nur entfernt in diesem theologiegeschichtlichen Horizont gesehen werden kann, bestätigt sich, dass gerade keine Exklusivität behauptet, vielmehr eine Offenheit für mögliche weitere Subsistenzen signalisiert werden sollte. Die Behauptung des Kommentars „Dies geht nur einmal“ müsste als ekklesiologischer Sonderfall dieses theologischen Fachterminus geklärt werden können!

Wer das ‚subsistit‘ nicht wie Pesch in Analogie zur altkirchlichen Christologie, sondern zur Trinitätslehre sieht, kann also die „Pluralitätsfähigkeit“ des Begriffs aufzeigen. Das göttliche Wesen subsistiert in drei Personen (Hypostasen). Das *tertium comparationis* ist das Verhältnis von Einheit und Vielfalt (‚Drei-einigkeit‘ – ‚Drei-faltigkeit‘). Keinen Sinn macht es, diese Analogie, die stets Entsprechung und nicht Ähnlichkeit meint, allegorisch auszudehnen und zu fragen: Nur drei? Wer sind die drei? Welche Kirche ist der Vater usw.? Sind die Kirchen in allem gleich, ausgenommen die „Opposition der Relationen“?[16] Abgesehen davon, dass sich um der Unverfügbarkeit und der Unbegreiflichkeit Gottes willen eine Parallelisierung von Trinitätstheologie und Ekklesiologie verbietet, würde die Intention der Begriffswahl verfehlt. Den Verfassern und Auftraggebern der *Responsa* kommt freilich die christologische Variante zupass. So ließe sich folgern, wie die Inkarnation ein einmaliges Ereignis ist, so sei das Wesen der Kirche Christi nur einmal verwirklicht. Nun hat sich schon im „Streit der Kardinäle“[17] gezeigt, dass Joseph Ratzinger/Benedikt XVI. die „platonische“ Idee favorisiert, die Ortskirchen seien von Jerusalem aus in ihre Subsistenz gekommen. Historisch gesehen dürften die Ortskirchen aber wohl dort entstanden sein, wo das Evangelium verkündet wurde, ob die Boten nun aus Jerusalem kamen oder nicht. Das Bild von der sich entfaltenden Einheit scheint weniger für sich zu haben als das von der einen Gemeinschaft der Vielen. In ihnen ist die Kirche Jesu Christi verwirklicht, und zwar so, dass auch „die Kirche“ als zugleich „sündig und gerecht“, „stets der Reinigung bedürftig“[18] erscheint. Wenn die Gemeinschaft der Kirchen zerbricht, so zerbricht die Subsistenz, d.h. die eine Kirche Jesu Christi subsistiert jetzt nicht nur in der Vielfalt der Ortskirchen, sondern „gebrochen“ in den getrennten Kirchen. Solange Kirchen sich als so getrennt beurteilen, dass sie miteinander nicht Kirchengemeinschaft haben können, solange realisiert keine von ihnen allein oder in Vollkommenheit die Kirche Jesu Christi, solange müssen wir von einer „gebrochenen Subsistenz“ oder von „partiellen Subsistenzen“ sprechen.

Von daher ist die Rede von „getrennten Kirchen und Gemeinschaften“ in UR 3,4 im Kontext des gesamten Ökumenismusdekrets und der Kirchenkonstitution so zu interpretieren: „(1) Nicht die Anerkennung des römischen Bischofs als Verwalter des Petrusdienstes, wohl aber ein in apostolischer Nachfolge stehendes Bischofsamt und Anerkennung aller (?) Sakramente gehören zum (vollen) Kirchesein. (2) Das Zweite Vatikanische Konzil legte nicht fest, welche reformatorischen Glaubensgemeinschaften Kirchen und welche (Kirchliche) Gemeinschaften sind. Eine Festlegung erfolgte lediglich hinsichtlich der Orthodoxen Kirchen.“[19] Der zweite Teil des dritten Kapitels des Ökumenismusdekrets ist überschrieben mit „Die getrennten Kirchen und kirchlichen Gemeinschaften im Westen“!

6. Ist „die Fülle der Heilsmittel“ das entscheidende Kriterium?

Nun nimmt die römisch-katholische Kirche seit dem Zweiten Vatikanum nicht in Anspruch, die Kirche Jesu Christi vollkommen zu realisieren. Aber sie hält daran fest, dass die „Fülle der Heilsmittel“ nur in ihr gegeben ist. *Responsa* und Kommentar sind eindeutig an der Integrität der sichtbaren Gestalt interessiert, an der „historischen Kontinuität“ und der sichtbaren Einheit: Die Kirche Jesu Christi hat es in der (römisch-)katholischen Kirche immer gegeben. Was aber bedeutet es für die katholische Kirche, dass sie zur römisch-katholischen geworden ist, dass die sichtbare Einheit mit dem Osten und die im Westen zerbrochen sind? Zur Fülle der Heilsmittel gehören traditionellerweise die Gemeinschaft im Glauben und in den Sakramenten sowie das Stehen in der apostolischen Nachfolge, sichtbar in den durch Ordination übertragenen Ämtern und im römischen Bischof als dem Nachfolger des hl. Petrus. Die Verbindung mit diesem machte das Konzil aber nicht zur Voraussetzung dafür, die Kirchen des Ostens als Kirchen anzuerkennen und ihnen sogar die *communicatio in sacris* (Gemeinschaft im Gottesdienst und in den Sakramenten) anzubieten.[20] Während sich das Ökumenismusdekret durchweg lobend, anerkennend äußert, behauptet jetzt die Antwort auf die vierte Frage, den von Rom getrennten Ostkirchen fehle ein „inneres Wesenselement“, nämlich die Gemeinschaft mit dem Papst. Der Kommentar spricht dann auch von Teilkirchen, freilich nicht in dem Sinn, wie das Konzil von den Ortskirchen spricht, die als solche ganz Kirche sind (und im Verbund mit den anderen Ortskirchen stehen), sondern in dem Sinn, wie das kanonische Recht und jüngere Communio-Ekklesiologie der Glaubenskongregation dies verstehen möchte: Sie sind als Teilkirchen nur ein Teil der Kirche, wenn auch „vollständig in ihrem Teilsein“. Es liegt auf der Hand, dass auch dies nur mit Blick auf die sichtbare Gestalt der Kirche gemeint sein kann.

Was den aus der Reformation hervorgegangenen Kirchen fehlt, ist die apostolische Sukzession und die gültige Eucharistie. Die Eucharistie ist nun ohne Zweifel ein, ja ein zentrales „Heilsmittel“, wodurch die Kirche immer wieder zum Leib Christi auferbaut wird. Fehlt den reformatorischen Kirchen dieses Mittel, weil sie „keine gültige Eucharistie bewahrt“ haben? Was macht die Eucharistie gültig? Angesichts von vierzig Jahren ökumenischer theologischer Arbeit und aufgrund der Erfahrungen im Miteinander der Christen muss die Einschätzung des Kircheseins, des Abendmahls und der Ämter anders ausfallen als zu Zeiten des Konzils. Die Glaubenskongregation ist aber offensichtlich nur an den (eigenen) lehramtlichen Verlautbarungen interessiert. Wenn das Amt der Einheit der Ökumene verpflichtet ist, gehört die Rezeption von (z. T. selbst in Auftrag gegebener) theologischer Arbeit zu seinen Grundpflichten. Selbstverständlich gibt es auch irritierende Äußerungen auf nichtkatholischer Seite, aber sollen wir jetzt ein ökumenisches „Auge-um-Auge" anfangen und das noch als „Profil-Ökumene" verkaufen? Es liegen genügend Dokumente vor, um einen differenzierten Konsens nicht nur in der Rechtfertigungslehre, sondern auch bezüglich der Eucharistie und des ordinationsgebundenen Amtes („Weiheamtes") zu formulieren.[21] Auch im Blick auf die apostolische Sukzession könnte die fundamentale Unterscheidung zwischen der materialen und der formalen Sukzession rezipiert werden. Stellt nicht der gemeinsame Bezug auf Apg 2,42 eine hinreichende Basis dar, um sich wechselseitig der Apostolizität zu versichern? Sind denn nicht Gemeinschaften, die „festhalten an der Lehre der Apostel und an der Gemeinschaft, am Brechen des Brotes und an den Gebeten" Kirchen?

7. Das Kriterium der „Hierarchie der Wahrheiten"

Als auf dem Zweiten Vatikanischen Konzil von der Hierarchie der Wahrheiten die Rede war, beklagte Erzbischof Pangrazio den quantitativen Charakter der Aufzählung von „elementa ecclesiastica". Deren einigendes Band sei doch Jesus Christus, „den alle Christen als Herrn der Kirche bekennen, dem zweifellos die Christen aller Gemeinschaften dienen wollen und der auch in den getrennten Gemeinschaften durch seine aktive Gegenwart im Heiligen Geist seine Wunder vollbringen will, freilich nicht durch die Verdienste der Menschen, sondern allein durch die Gnade seiner Barmherzigkeit."[22] Und Pangrazio rief die Unterscheidung zwischen der Ordnung des Zieles und der Ordnung der Mittel in Erinnerung und wandte sie ökumenisch an. Zur ersteren gehören der dreieine Gott, die Menschwerdung und die Gnade des Heiligen Geistes. Zur Ordnung der Mittel zählt er u. a. „die Wahrheiten über die Siebenzahl der Sakramente, über diese hierarchische Struktur der Kirche, über die apostolische Sukzession"[23]. Sollte die Ordnung der Mittel das entscheidende Kriterium sein? In dieser Hinsicht kann die römisch-katholische Kirche behaupten, die „Fülle" zu besitzen. Aber stellt dies schon eine ausreichende Basis dar, um über den ekklesialen Status der anderen zu urteilen? Und was bedeutet es, wenn in anderen Kirchen ein Amt der *episkopé* (personal, kollegial, synodal) ausgeübt wird? Wie viel Übereinstimmung in der konkreten Gestalt der Ordnung der Mittel ist für die Anerkennung des authentischen Kircheseins im Sinne einer versöhnten Verschiedenheit erforderlich?

Wie Peter Hünermann anlässlich der Maßnahme gegen Jon Sobrino in der Herder Korrespondenz forderte, erweist sich eine Reform der Kurie, gerade auch der Glaubenskongregation, als dringlich. Das Ringen um „die Wahrheit und ihre zeitgemäße Verkündigung" erfordert andere Kommunikationsstrukturen als die derzeit praktizierten. Der Papst leitet die Kirche nicht zusammen mit der Kurie, sondern in Gemeinschaft mit den Bischöfen (LG 8,2). Die Kurie wurde zwar internationalisiert, aber die katholische Breite repräsentiert sie nicht. Vor Jahren wurde ein französischer Theologe in der Herder Korrespondenz so zitiert: „Das Problem ist nicht der Papst, sondern die Kurie." Wann löst der Papst dieses Problem?

Anmerkungen

[1] *Die Bedeutung des ‚subsistit in' in (LG 8). Zum Selbstverständnis der katholischen Kirche*, München 2002.

[2] Hans Küng war anfänglich von den Vorlesungen des „jovialen Holländers" begeistert; „später wird mir aufgehen, dass er seine Gegner nie wirklich ernst nimmt, sondern als von vornherein auf falschem Weg befindliche Feinde des wahren Glaubens traktiert, die er mit seinem Argumenten leicht erledigen kann" (H. Küng, *Erkämpfte Freiheit. Erinnerungen*, München 2002, 106 (an Hand des Namensregisters ist die Entwicklung des Verhältnisses zwischen dem Schweizer und dem niederländischen Theologen schnell nachzuvollziehen). In der Sache konnte Tromp mit Geschichte/Geschichtlichkeit nichts anfangen, Ökumenismus war für ihn Minimalismus. Bis heute produziert die ängstliche Sorge um Identität schwer zu überwindende Vorurteile.

[3] Vgl. den knappen, treffenden Kommentar von E. Klinger, *Die dogmatische Konstitution über die Kirche Lumen gentium*, in: F.X. Bischof – St. Leimgruber (Hg.), *Vierzig Jahre II. Vatikanum. Zur Wirkungsgeschichte der Konzilstexte*, Würzburg 2004, 74–97, hier 95, Anm.48: „Niemand bestreitet ernsthaft den Zusammenhang zwischen ‚subsistit in' und ‚est'. Jenes gestattet aber Differenzierungen, die mit diesem nicht zu machen sind. In der Trinität spricht man von einer wechselseitigen Einwohnung der Personen, ohne dass man ihre Identität schlechthin behaupten dürfte. Die konservative Einstellung von Sebastian Tromp hat dieses Wissen sicher nicht behindert." Tromp war bekanntlich einer der wichtigsten Berater Pius' XII. bei der Abfassung der Enzyklika *Mystici corporis*.

[4] *Zur Relevanz historischer Konzilsforschung für die Interpretation des Ökumenismusdekrets*, in: W. Thönissen (Hg.), *„Unitatis redintegratio". 40 Jahre Ökumenismusdekret – Erbe und Auftrag*, Paderborn-Frankfurt/M. 2005, 19–32, hier: 31f.

[5] Ein hermeneutischer Grundsatz, den mein Lehrer Theodor Schneider in einschlägigen Debatten zur Geltung zu bringen suchte; vgl. Th. Schneider, *Wir sind sein Leib*, Mainz 1977, Kap. I: Treue in lebendigem Wandel.

[6] Nach wie vor einschlägig K. Schatz, *Kirchenbild und päpstliche Unfehlbarkeit bei den deutschsprachigen Minoritätsbischöfen auf dem I. Vatikanum*, Rom 1975.

[7] Wörtlich lautet die Formel des Antonin von Florenz (15. Jh.): „utens consilio et requirens adiutorium universalis Ecclesiae"; irren könne dagegen der Papst „ut persona singularis, ex proprio motu agens" (vgl. Schatz, *Kirchenbild*, 216f, der darauf aufmerksam macht, dass diese Formel als solche noch nicht eindeutig ist – eindeutig scheint mir jedoch die Richtung der ekklesiologischen Interpretation!).

[8] DH 3074.

[9] So wird der Bischof im Internet am 12.7. zitiert.

[10] So wiedergegeben bei G. Philips, *Die Geschichte der dogmatischen Konstitution über die Kirche „Lumen gentium"*, in: Lexikon für Theologie und Kirche. Ergänzungsband 1, Freiburg i.Br. 1966, 139–155, hier: 140.

[11] Vgl. L. Kaufmann – N. Klein, *Johannes XXIII. Prophetie im Vermächtnis,* Fribourg – Brig 1990; hier auch der Vergleich der ursprünglich in Italienisch verfassten Eröffnungsrede mit der offiziellen lateinischen Fassung, – ein Beispiel für die Bremsversuche der Kurie!

[12] Zit. nach: *Herders Theologischer Kommentar zum Zweiten Vatikanischen Konzil,* Bd.5, hg.v. P. Hünermann – B.J. Hilberath, Freiburg i.Br. 2005, 487.

[13] Selbst in meinem Buch: *Zwischen Vision und Wirklichkeit. Fragen nach dem Weg der Kirche,* Würzburg 1999, in dem ich auf Fragen eingehe, die mir immer wieder von „den Leuten" gestellt werden, gehe ich in den beiden ersten Fragekreisen sowie im 5. auf grundsätzliche Fragen ein: Hat die Kirche eine Vision? – Welche Richtung weist das Zweite Vatikanische Konzil? – Wozu ist die Kirche da?

[14] O.H. Pesch, *Das Zweite Vatikanische Konzil,* Würzburg 1993, 222.

[15] Zu den Details vgl. meine Habilitationsschrift: *Der Personbegriff der Trinitätstheologie in Rückfrage von Karl Rahner zu Tertullians „Adversus Praxean"* (IST 17), Innsbruck 1986, bes. 2. Teil, 2. Kap.

[16] Vgl. die trinitätstheologische Formel des Konzils von Florenz 1442 (DH 1330).

[17] Vgl. P. Walter, *Ein Blick zurück und nach vorne aus dem Abstand von fast vierzig Jahren am Beispiel des Verhältnisses von Orts- und Universalkirche,* in: *Zweites Vatikanum – vergessene Anstöße, gegenwärtige Fortschreibungen* (QD 207), Freiburg i.Br. 2004, 116–136.

[18] LG 8.

[19] B.J. Hilberath, Kommentar zu UR, in: *Herders Theologischer Kommentar zum Zweiten Vatikanischen Konzil,* Bd. 3, hg. v. P. Hünermann – B. J. Hilberath, Freiburg i.Br. 2005, 127.

[20] Vgl. UR 15. Dazu mein Kommentar mit Belegen aus der Konzilsdiskussion: ebd. (Anm.16) 170f.

[21] Erwähnt seien aus jüngerer Zeit die Beiträge der ökumenischen Protagonisten H. Meyer und O. H. Pesch in: P. Walter u.a. (Hg.), *Kirche in ökumenischer Perspektive* (FS Kardinal Walter Kasper), Freiburg i.Br. 2003, 405–438.

[22] Nachweis in Hilberath, Kommentar zu UR 152.

[23] Ebd. 153.

Ein klärender Beitrag zum ökumenischen Dialog

Das berechtigte Anliegen des römischen Dokuments

von Karl-Heinz Menke

Bei Licht besehen enthalten die im Juli 2007 veröffentlichten *Responsa*[1] der Glaubenskongregation keinen einzigen Satz, der nicht zuvor schon so oder ähnlich in den ekklesiologischen Klarstellungen auftaucht, die Joseph Kardinal Ratzinger in seiner Eigenschaft als Präfekt der Glaubenskongregation verfasst hat. Deshalb erinnert die Einleitung an die Dokumente *Communionis notio*[2] und *Dominus Iesus*[3]; und der angehängte Kommentar an die Notifikation zu einigen Thesen von Leonardo Boff[4]. Trotzdem sind die *Responsa* mehr als eine auffrischende Wiederholung. Ihre Intention erklärt sich aus der Frage: „Hat das Zweite Vatikanische Konzil die vorhergehende Lehre über die Kirche verändert?"[5] Denn so oder ähnlich fragen Theologen, die in CN und DI einen Rückzug hinter die Aussagen des Zweiten Vatikanischen Konzils sehen. Sie vermuten, das Konzil habe mit der Übertragung des Subsistenzbegriffes auf das Verhältnis der wahren Kirche Jesu Christi zur katholischen Kirche die zuvor übliche Identifizierung relativiert.

Diese Vermutung ist schon deshalb fragwürdig, weil nach eingehenden Untersuchungen der Genese des konziliaren Referenztextes[6] von einer relativierenden Absicht keine Rede sein kann. Alexandra von Teuffenbach hat in ihrer Pomotionsschrift bewiesen, dass ausgerechnet der zu den konservativsten Konzilstheologen zählende Jesuit Sebastian Tromp den Vorschlag zur Ersetzung des ‚est' durch das

‚subsistit in' eingebracht hat[7], und zwar aus genuin christologischen Gründen. Um die Analogie zwischen der Verhältnisbestimmung *Gottheit/Menschheit Christi* einerseits und *wahre Kirche Jesu Christi/katholische Kirche* andererseits korrekt zu formulieren, wollte er den im CIC von 1917 und in der Enzyklika *Mystici Corporis* (1943) verwandten Terminus ‚est' durch das ‚subsistit in' ersetzen. Denn in der Christologie wird das Verhältnis von Gottheit und Menschheit Christi niemals mit dem Terminus ‚est', sondern mit dem Subsistenzbegriff beschrieben. Die Menschheit Christi *ist* nicht die Gottheit Christi, sondern sie subsistiert (ist überhaupt nur wirklich) auf Grund ihrer hypostatischen Union mit dem göttlichen Logos. Tromp folgert: Was in der Christologie unbedingt falsch ist, nämlich die Beschreibung des Verhältnisses zwischen Gottheit und Menschheit Christi mit dem Terminus ‚est', das kann in der Verhältnisbestimmung zwischen der einen wahren Kirche Jesu Christi und der katholischen Kirche nicht richtig sein.

Es geht Tromp um die korrekte Formulierung einer Analogie zwischen Christus und der Kirche und nicht einmal ansatzweise um eine irgendwie geartete Relativierung. Allerdings gab es schon auf dem Konzil Stimmen, die vor der mangelnden Eindeutigkeit des Subsistenzbegriffs gewarnt haben. Der den *Responsa* angehängte Kommentar erwähnt die Voraussage des belgischen Theologen Gérard Philips, die ekklesiologische Verwendung des Subsistenzbegriffs werde Ströme von interpretierender Tinte evozieren. In lehramtlichen Dokumenten ist ein solcher Hinweis unüblich. Man darf ihm deshalb entnehmen, dass die Glaubenskongregation neben den Vorteilen auch die Schwächen der ekklesiologischen Verwendung des Subsistenzbegriffes erkannt hat. Denn dieser Begriff wird innerhalb der Trinitätslehre *diakritisch* und in der Christologie *henotisch* verwandt. Innerhalb der Christologie bezeichnet er das, was zwei ontisch grundverschiedene Wirklichkeiten (wahres Gottsein und wahres Menschsein Christi) *eint*. In der Trinitätslehre aber bezeichnet derselbe Begriff das, was drei gleichwesentliche Personen *unterscheidet*. Die in LG 8 intendierte Anwendung des *henotischen* Subsistenzbegriffes ist klar: Der Mensch Jesus ist mit dem göttlichen Logos nicht identisch, aber nur in Verbindung mit ihm Person (Subsistenz); entsprechend ist die katholische Kirche zwar nicht identisch mit dem pneumatischen Leib Christi und doch in Analogie zum christologischen Subsistenzbegriff untrennbar davon.

Trotz der Doppeldeutigkeit des Subsistenzbegriffes kann man LG 8 nur dann im trinitätsanalogen Sinn interpretieren, wenn man die Intention des Textes absichtlich ausblendet. Um ein für alle Mal klarzustellen, dass in LG nicht der diakritische Subsistenzbegriff der Trinitätslehre, sondern der *henotische* Subsistenzbegriff der Christologie ekklesiologisch appliziert wird, betont die Notifikation der Glaubenskongregation vom 11. März 1985: *„Das Konzil […] hat das Wort ‚subsistit' gerade deshalb gewählt, um klarzustellen, dass nur eine einzige ‚Subsistenz' der wahren Kirche besteht, während es außerhalb ihres sichtbaren Gefüges lediglich Elemente des Kirchseins gibt, die – da sie Elemente derselben Kirche sind – zur katholischen Kirche tendieren und hinführen."*[8]

Diese in CN, DI und den *Responsa* wiederholte Klarstellung wendet sich zunächst und vor allem gegen die von Leonardo Boff vertretene These[9], am Anfang habe es keineswegs eine katholische Gesamtkirche, sondern nur unterschiedliche Ortskirchen mit verschiedenen Theologien und verschiedenen Ämtern usw. gegeben. Keine institutionelle Kirche könne also behaupten, dass sie die eine, von Gott selbst gewollte Kirche Jesu Christi sei. Wenn das Zweite Vatikanische Konzil mit LG 8 von der Subsistenz der einen wahren Kirche Jesu Christi in der römisch-katholischen Kirche spreche, dann sei damit nicht ausgeschlossen, sondern mitgesagt, dass die eine wahre Kirche Jesu Christi auch in anderen Kirchen subsistiere. Diese Subsistenzen seien Institutionen, die aus soziologischen Gegebenheiten nachträglich entstanden sind. Sie seien stets veränderlich. Und in ihrer theologischen Qualität würden sie sich höchstens sekundär voneinander unterscheiden. Deswegen könne man sagen, dass in ihnen allen – oder doch zumindest in sehr vielen von ihnen – die eine Kirche Jesu Christi subsistiere.

Boff verknüpft mit seiner trinitätsanalogen Interpretation von LG 8 das ökumenische Anliegen einer vielgestaltigen Einheit. Unter Berufung auf den Evangelisten Lukas[10] identifiziert er Christus mit dem Heiligen Geist und erklärt diesen als das Prinzip einer Gleichursprünglichkeit von Einheit und Vielheit. Wo der Heilige Geist ist, gibt es also keine Priorität der Einheit vor der Vielheit, sondern eine Vielheit, die inneres Prinzip der Einheit und eine Einheit, die inneres Prinzip der Vielheit ist. Allerdings gilt für die sichtbare Kirche, dass die Einheit immer nur als Vielheit konkreter Orts- oder Teilkirchen erscheint, wohingegen auf der Ebene des eschatologisch erhofften Reiches Gottes die Einheit ebenso sichtbar sein wird wie die Vielheit.

Was Boff im Blick auf die vielen christlichen Konfessionen sagt, fordert der russisch-orthodoxe Theologe Nikolaj Afanas'ev im Blick auf die vielen Ortskirchen der einzelnen christlichen Kirchentümer[11]. Mit dem Begriff „Ortskirche" bezeichnet er – in Absetzung nicht nur von der römischen, sondern auch von der russisch-orthodoxen Tradition – nicht die einzelne Diözese, sondern die einzelne eucharistische Versammlung.

Joseph Ratzinger hat das Grundanliegen von Afanas'ev, d. h. seinen Entwurf einer genuin eucharistischen Ekklesiologie, ausdrücklich gewürdigt, zugleich aber in dieser Ekklesiologie einen Fehler entdeckt. Er bezeichnet ihn als Grundfehler aller Gestalten des Protestantismus und erkennt dieses Manko auch in Boffs Plädoyer für ein pneumatozentrisches statt christozentrisches Kirchenmodell[12].

Afanas'ev stützt seine „radikal eucharistische Ekklesiologie“ vor allem auf den ersten Korintherbrief, in dem Paulus sowohl die eucharistische Gabe (1Kor 11,29) als auch die *ekklesia* (1Kor 12,22) Leib Christi nennt. Daraus folgert er die exklusive Identifizierung der Kirche mit der konkreten eucharistischen Versammlung vor Ort. Also ist die „Ortskirche“ nicht die Diözese, sondern die einzelne eucharistische Versammlung. Denn – so seine Begründung – der Ort der eucharistischen Zelebration ist immer eine konkrete Versammlung von Gläubigen Und weil Christus dort je voll und ganz gegenwärtig ist, ist alles das vorhanden, was die Kirche Gottes ihrem Wesen nach ausmacht. Die einzelne Eucharistiegemeinde ist aus der Sicht von Afanas'ev die Kirche in ihrer Fülle, sie ist aus seiner Sicht keine „Teilkirche“, kein Teil eines ihr übergeordneten Ganzen. Der Grund dafür liegt darin, dass Christus nicht teilbar ist (vgl. 1Kor 1,13), dass er mit seinem ganzen Heilswerk im Heiligen Geist niemals irgendwo teilweise gegenwärtig ist, sondern immer nur voll und ganz. Diese Auffassung widerspricht jeder Ekklesiologie, welche unter „Kirche“ zunächst die weltweite Gemeinschaft aller Getauften Christen versteht. Diesen Kirchenbegriff nennt Afanas'ev „universalistisch“. Durch zahlreiche kirchenhistorische Untersuchungen hat er seine Vermutung zu erhärten versucht, die universalistische Ekklesiologie habe nach und nach die ursprünglichere eucharistisch-ortskirchliche verdrängt. Als ersten dezidierten Vertreter eines universalistischen Kirchenbildes bezeichnet er Cyprian von Karthago. Denn er habe das von Paulus auf die eucharistische Einzelversammlung bezogene Bild von dem einen Leib und den vielen Gliedern auf das Verhältnis einer fiktiven „Universalkirche“ übertragen, die durch Bischöfe vor Ort (in den Diözesen) repräsentiert wird. Afanas'ev veranschaulicht diesen – aus seiner Sicht verhängnisvollen Vorgang – mit der mathematischen Figur eines stumpfen Kegels. Die größere Schnittfläche stellt die Gesamtheit der Christen dar, die kleinere die Gesamtheit des Episkopates. Der Episkopat als synodale Körperschaft leitet die Gesamtkirche, und der Einzelbischof hat als Mitglied dieses synodalen Gesamtepiskopats die Aufgabe, in der ihm zugewiesenen Ortskirche die Gesamtkirche zu repräsentieren. Mit seinem Plädoyer für eine Rückkehr zu den Ursprüngen trifft Afanas'ev nicht nur die Strukturen der römisch-katholischen Kirche, sondern auch die der orthodoxen Kirchen. Einen Unterschied macht seine Kritik an der universalistischen Ekklesiologie beider Traditionen nur insofern, als er die bezeichnete Entwicklung in der römisch-katholischen Kirche konsequent entfaltet sieht. Ein stumpfer Kegel ist nämlich eine unvollendete geometrische Figur. Zieht man ihre Mantelfläche über die Schnittflächen hinaus aus, so erhält sie ihre Spitze, und die kleinere Schnittfläche wird damit überflüssig. Dementsprechend sieht Afanas'ev im monarchischen Universalepiskopat des römischen Bischofs die Inkonsequenz des stumpfen Kegels beseitigt. Die universalistische Ekklesiologie hat in seinen Augen in der römisch-katholischen Kirche ihre vollendete Verwirklichung gefunden.

Ratzinger kann sich selbst für den Gedanken erwärmen, die gesamte Ekklesiologie auf dem paulinischen Gedanken aufzubauen, dass die Eucharistie feiernde Kirche den Leib Christi nicht nur empfängt, sondern im Heiligen Geist „Leib Christi" ist. Aber er legt höchsten Wert auf die Feststellung, dass mit diesem Leib zuerst und zunächst die Universalkirche gemeint ist.

Für die *chronologische* Priorität der Universalkirche vor den Ortskirchen führt er u.a. folgende Argumente an:

- Lukas, der in der Apostelgeschichte die Anfänge des Christentums schildert, reserviert den Apostelbegriff für „die

Zwölf". Er sieht in diesen Zwölfen das Voraus der Universalkirche vor den Ortskirchen verkörpert. Nicht um bestimmte geschichtliche Fakten getreu zu überliefern, sondern als Theologe betont er, dass „die Zwölf" in Jerusalem beisammen waren (Apg 1,15–26: Nachwahl des Matthias), noch bevor die von ihnen repräsentierte Universalkirche in einzelnen Ortskirchen konkret wurde.

- Paulus „stellt einerseits sehr nachdrücklich die Einzigartigkeit seines Apostolats heraus, das auf einer Begegnung mit dem Auferstandenen beruht und ihn damit auf eine Stufe mit den Zwölfen stellt. Andererseits sieht er zum Beispiel in 1 Kor 12,28 ‚Apostel' als ein weit über diesen Kreis hinausreichendes Amt vor"[13]. Die Apostel erster Ordnung stehen der Gesamtkirche (Universalkirche) vor, während die Apostel zweiter Ordnung einer bestimmten Ortskirche zugeordnet sind. Also waren die eigentlichen Apostel „nicht Bischöfe bestimmter Ortskirchen, sondern [...] der ganzen Welt und der in ihr zu bauenden ganzen Kirche zugeordnet: Die Universalkirche geht den Lokalkirchen voran, die als ihre konkreten Verwirklichungen entstehen."[14]
- Paulus spricht nicht von den Kirchen in Ephesus oder in Korinth, sondern von der einen Kirche Gottes in Rom, Ephesus, Korinth oder Saloniki.
- Das in Apg 2 geschilderte pfingstliche Sprachenwunder ist verbunden mit der so genannten Völkertafel und also ein Hinweis darauf, dass die Kirche in ihrem Ursprung die Universalkirche ist.

Noch wichtiger als die chronologische erscheint Ratzinger die biblisch mehrfach bezeugte *ontologische* Priorität der Universalkirche vor den Ortskirchen. In 1Kor 3,17; 6,19; 2Kor 6,16; Eph 1,22f; 2,14–22; 5,23–25; Kol 1,18.24; Hebr 12,22f sieht er den Gedanken von dem präexistenten Plan Gottes, die Menschheit in Christus zu einen, mehrfach bezeugt. Ratzinger erkennt eine Entsprechung zwischen der rabbinischen Lehre von der Präexistenz Israels bzw. der Tora und der Lehre von der Präexistenz der Universalkirche. Die Väter – so bemerkt er – konnten „in der Kirche nicht etwas zufällig zu später Stunde Entstandenes sehen, sondern erkannten in der Versammlung der Völker unter dem Willen Gottes eine innere Teleologie der Schöpfung“[15]. Ratzinger erinnert in diesem Zusammenhang an das von den Vätern und von der mittelalterlichen Theologie verwandte Bild von dem einen Bräutigam Christus, dessen Braut, die Kirche, eine einzige ist[16]. Und auch die patristische Idee der *ecclesia ab Abel* illustriert aus seiner Sicht den Gedanken des ontologischen Voraus der Universalkirche vor den Ortskirchen.

Nur wenige Monate vor dem Erscheinen des Dokumentes *Communionis notio* hat Ratzinger ein Buch publiziert, das der radikal eucharistischen Ekklesiologie von Afanas'ev eine katholische Variante entgegenhält[17]. Fast alle darin genannten Bausteine einer katholischen Version eucharistischer Ekklesiologie sind eingeflossen in die Erklärung der Glaubenskongregation. Weil die Universalkirche nie an und für sich, sondern stets in der Konkretion einer Ortskirche erscheint, spricht CN von einem „gegenseitigen Ineinander“ *(mutua interiorità)* von Gesamtkirche und Ortskirchen. Doch diese Wechselseitigkeit ist keine Gleichursprünglichkeit im Sinne einer trinitätstheologischen Analogie; im Gegenteil, der chronologischen und ontologischen Priorität der Gesamtkirche vor den Ortskirchen entspricht eine Priorität der Einheit vor der Vielheit. Wörtlich heißt es dort: *Aus der Universalkirche „sind die verschiedenen Ortskirchen als jeweilige konkrete Verwirklichungen der einen und einzigen Kirche Jesu Christi hervorgegangen. Da sie in und aus der Universalkirche geboren werden, haben sie ihre Kirchlichkeit in ihr und aus ihr. Dabei ist die Formel des Zweiten Vatikanischen Konzils* [LG 23,1]*: die Kirche in und aus den Kirchen (Ecclesia in et ex Ecclesiis) untrennbar verbunden mit dieser* *anderen* [Ansprache von Papst Johannes Paul II. vom 20. Dezember 1990, in: AAS 83 [1991] 745–747]*: die Kirchen in und aus der Kirche (Ecclesiae in et ex Ecclesia).* [... Denn:] *Der Universalkirche gehört man nicht mittelbar an, vermittels der Zugehörigkeit zu einer Teilkirche, sondern unmittelbar, wenn auch die Aufnahme in die Universalkirche und das Leben in ihr sich notwendigerweise innerhalb einer Teilkirche vollziehen.*“[18]

Der Begriff der „gegenseitigen Innerlichkeit“ wird im dritten Kapitel von CN konkret. Dass die einzelne Ortskirche sich die eucharistische Gemeinschaft mit Christus nicht selber „verschaffen“ kann, kommt konkret zum Ausdruck in der Abhängigkeit von einem Apostelnachfolger, der vor Ort die Gesamtkirche repräsentiert, wenn er in der Bekenntnisgemeinschaft mit allen anderen Apostelnachfolgern und also mit deren sichtbarem Haupt, dem Petrusnachfolger steht[19]. Der den *Responsa* vom 10. Juli 2007 angehängte Kommentar greift diese Ausführungen von CN mit der Absicht auf[20], die von Afanas'ev propagierte Autonomie der einzelnen eucharistischen Versammlung ebenso abzuweisen wie die vermeintliche Autonomie einer einzelnen Bischofskirche (Diözese). Denn – so betonen die *Responsa* – der die Universalkirche repräsentierende Petrusnachfolger ist kein äußeres, sondern „inneres Wesenselement“ jeder Eucharistiefeier.

Man geht wahrscheinlich nicht fehl in der Vermutung, dass die *Responsa* nicht nur, aber auch auf jene Kontroverse reagieren, die als „Streit der Kardinäle“[21] in die jüngere Theologiegeschichte eingegangen ist. Zur Erinnerung: Kardinal Kasper kommentiert fast zeitgleich mit der Erklärung *Dominus Iesus* das sieben Jahre zuvor erschienene Lehrschreiben CN. Er unterstellt dem von Kardinal Ratzinger unterzeichneten Dokument die Abkehr von einem grundlegenden Anliegen des Zweiten Vatikanischen Konzils, ja sogar den Versuch einer ideologischen Rechtfertigung des römischen

Zentralismus[22]. Im Focus seiner Kritik steht die Erweiterung der konziliaren Formel „Die Universalkirche existiert in und aus den Teilkirchen“ (LG 23,1) durch die Formulierung „Die Teilkirchen existieren in und aus der Universalkirche“. Durch diese Ergänzung werde die Vorstellung genährt, die Herkunft der Ortskirchen liege in der Universalkirche. Kasper selbst beschwört die dem Trinitätsgeheimnis analoge Gleichursprünglichkeit von Einheit und Vielheit, von Universalkirche und Ortskirchen. Schon die Jerusalemer Urgemeinde ist aus seiner Sicht nicht nur Universalkirche, sondern gleichursprünglich Ortskirche.

Weil die Kirche „Volk Gottes vom Leib Christi her“ ist, spricht Ratzinger in seinen Antworten auf Kasper nicht nur von einer Priorität der Universalkirche vor den Ortskirchen, sondern auch von einer ekklesialen Priorität der Einheit vor der Vielheit. Damit will er in keiner Weise in Abrede stellen, dass die Kirche Werk des trinitarischen Gottes ist, nämlich die vom Vater im Sohn durch den Heiligen Geist geeinte Communio der Christen. Aber er widerspricht der von Walter Kasper und seinen Schülern mehrfach wiederholten These, der innertrinitarischen Gleichursprünglichkeit von Einheit und Vielheit entspreche die Gleichursprünglichkeit von Universalkirche und Ortskirchen.

Natürlich weiß Ratzinger, dass Kasper die trinitätstheologische Formel von der Gleichursprünglichkeit nur auf das Verhältnis von Universalkirche und Ortskirchen, nicht aber wie Boff auf das Verhältnis der einen wahren Kirche Jesu Christi zu den verschiedenen christlichen Konfessionen anwendet. Aber er sieht einen unlöslichen Zusammenhang zwischen beiden Applikationen. Deshalb stellt die Glaubenskongregation in ihren *Responsa* auf die Fragen nach dem kirchlichen Status der von Rom getrennten Christen heraus, dass die christologisch begründete Einzigkeit der sichtbaren Kirche nur dann gewahrt bleibt, wenn man die Universalkirche nicht nur terminologisch oder logisch, sondern auch im Sinne einer ontologischen Priorität der Einheit vor der Vielheit von den Orts- bzw. Teilkirchen unterscheidet. Denn die Tatsache, dass die Universalkirche nie an und für sich, sondern immer konkret sichtbar wird, bedeutet nicht, dass alle orts- bzw. teilkirchlichen Konkretionen dieselbe Vollkommenheit aufweisen. Es bedarf vielmehr der Unterscheidung zwischen:

- den Ortskirchen, die nicht nur in der Bekenntnisgemeinschaft mit einem in apostolischer Sukzession stehenden Bischof, sondern auch in Bekenntnisgemeinschaft mit dem Petrusnachfolger stehen;
- den Orts- bzw. Teilkirchen, die zwar von Rom getrennt sind, aber die apostolische Sukzession gewahrt haben;
- und den christlichen Gemeinschaften, die – aus Sicht des katholischen Selbstverständnisses! – deshalb nicht Kirche im eigentlichen Sinn sind, weil sie die sichtbare Kirche nicht als Sakrament (als untrennbar von der wahren Kirche Jesu Christi) betrachten.

Zusammenfassend lässt sich festhalten: Die *Responsa* verfolgen ein doppeltes Anliegen:

(1) Sie stellen erstens klar, dass der in LG gemeinte Subsistenzbegriff auf Grund seiner Ableitung aus der Christologie eine Priorität der Einheit vor der Vielheit und also eine klare Unterscheidung zwischen der einen Universalkirche und den vielen Ortskirchen impliziert. Zwar erscheint die Universalkirche stets konkret; aber deshalb ist sie ebenso wenig identisch mit der Summe der Teil- bzw. Ortskirchen wie die Gottheit mit der Menschheit Christi. Durch die Taufe gehört jeder Christ unmittelbar – nicht vermittelt durch eine Orts- oder Teilkirche – der Universalkirche an. Durch die Taufe ist er in keiner Ortskirche ein Fremder. Wäre es anders, dann könnten die getrennten Konfessionen ihre Taufen nicht gegenseitig anerkennen, sondern müssten jeden,

der aus einer Teilkirche in eine andere wechselt, in diese „hineintaufen". Gerade die Anerkennung der Tatsache, dass auch die anderen Konfessionen die eine Kirche mehr oder weniger vollkommen konkretisieren, erfordert die ontologische Unterscheidung der Universalkirche von den Teilbzw. Ortskirchen.

(2) Die *Responsa* betonen *zweitens*, dass es einen großen Unterschied macht, ob man – wie die von Rom getrennten Ostkirchen – an der Einzigkeit der sichtbaren Kirche festhält oder – wie die Protestanten – zwischen der Einzigkeit der unsichtbaren Kirche Christi und der Vielheit der sichtbaren Kirchentümer unterscheidet.

Henri de Lubac hat den theologiegeschichtlichen Hintergrund der tendenziell doketischen Trennung der sichtbaren, institutionell verfassten Kirche von der einen, wahren, aber unsichtbaren Kirche Jesu Christi ausgeleuchtet[23]. Er zeigt, dass es im Mittelalter zu einer folgenreichen Vertauschung zweier zentraler Begriffe kam. Hatte man bis dahin die Kirche als „wahren, weil sichtbaren Leib Christi" und das konsekrierte eucharistische Brot als „mystischen Leib" bezeichnet, so verfuhr man jetzt umgekehrt: Man bezeichnete den eucharistischen Leib als wahren, weil sichtbaren Leib und die Kirche als mystischen, weil irgendwie unsichtbaren Leib Christi. Es war – so betont de Lubac – kein Zufall, dass die Reformatoren die Bezeichnung der Kirche als *corpus Christi mysticum* zum Zentralbegriff ihrer Ekklesiologie erhoben haben. Sie wollten damit ausdrücken, dass die wahre Kirche Christi die unsichtbare Gemeinschaft der im Glauben *(sola fide)* Gerechtfertigten ist. Im Gegenzug verschwand der Begriff *corpus Christi mysticum* aus allen Lehrbüchern der katholischen Ekklesiologie, bis im 19. Jahrhundert Theologen wie Johann Adam Möhler und Matthias Joseph Scheeben zu der Formulierung griffen: „Die sichtbar im Nachfolger des Petrus und der Apostel geeinte Kirche ist (lat. *est*) der mystische Leib Christi." Oder anders formuliert: Die unsichtbare Kirche, von der die Protestanten sprechen, ist untrennbar von der Bekenntnisgemeinschaft mit den Nachfolgern der Apostel, den Bischöfen, und mit deren sichtbarem Haupt, dem Nachfolger Petri.

Während in der *Confessio Augustana* zwei Kriterien für die Christusgegenwart in der Kirche genannt werden, nämlich die unverfälschte Lehre des Evangeliums und die rechte Verwaltung der Sakramente, nennt das Trienter Konzil außerdem noch das apostolische Amt *(auctoritas)*. Joseph Ratzinger sieht in diesem Unterschied die entscheidende Differenz zwischen dem Christentum der Reformation und dem Christentum der römischen Tradition. Für Katholiken ist das apostolische Amt das Kriterium des Wortes. Es bürgt für das Wort. Bei den Protestanten ist es genau umgekehrt: „Das Wort erscheint als das Kriterium des Amtes, welches letztlich am Maßstab des Wortes zu überprüfen ist und von daher auch der Abweisung verfallen kann."[24]

Der Protestantismus versteht „unter der *Apostolizität* der Kirche [...] deren Treue zu ihrer im urchristlichen Apostolat sich ursprünglich ausdrückenden Sendung und Aufgabe [...], das Evangelium mit Gedanken, Worten und Werken zu verkündigen. Und da [aus der Sicht des Protestantismus] der Nachfolger des Apostels der neutestamentliche Kanon (und nicht etwa der Bischof) ist, existiert die Kirche deshalb und nur deshalb in *apostolischer Sukzession,* weil und insofern sie *schriftgemäß* denkt, redet und handelt."[25] Gegen diese weitgehende Identifizierung des Wortes, das Christus ist, mit dem Wort der Heiligen Schrift betont Ratzinger, dass das Neue Testament immer schon zwei Prinzipien voraussetzt, nämlich das Prinzip der apostolischen Überlieferung *(traditio apostolica)* und – davon untrennbar – das Prinzip der apostolischen Nachfolge *(successio apostolica)*[26].

Unter der Voraussetzung, dass mit „*dem* Wort" nicht die

Heilige Schrift, sondern eine Person, nämlich Jesus Christus, gemeint ist, liegt die Wahrheit über Jesus Christus nicht in der Schrift als solcher, sondern stets in dem lebendigen (verkündigenden) Wort personaler Zeugen. Deshalb betont Ratzinger: „Gerade wenn die wahre successio apostolica beim Wort liegt, kann sie nicht einfach bei einem Buch liegen, sondern muss als successio Verbi successio praedicantium sein, die wiederum nicht ohne ‚Sendung', also ohne persönliche Kontinuität von den Aposteln her, bestehen kann. Gerade um des Wortes willen, das im Neuen Bund nicht toter Buchstabe, sondern viva vox sein soll, ist eine viva successio erfordert. [...] Schließlich wird gerade und erst in solchem Verständnis der der Kirche verliehenen Gabe des Wortes der Mensch immer wieder in vollem Ernst in die Situation eines ‚Hörers des Wortes' verwiesen, eines Hörers, der selbst keine Gewalt über das Wort hat, sondern der in jenem reinen Empfangen steht, das ‚Glauben' heißt."[27]

Die Bindung der Schriftwerdung und der Schriftauslegung an das apostolische Amt ist ein zutiefst christologisches Institut. Weil die Offenbarung identisch ist mit der Person Jesu Christi, kann sie nicht einfach in ein Buch gefasst werden, sondern bedarf personaler Zeugen – zunächst der unmittelbaren Zeugen, die als Apostel von Christus selbst autorisiert sind; und dann der Apostelnachfolger.

Die Kritiker der Erklärung *Dominus Iesus* haben das Grundanliegen des römischen Dokumentes fast ausnahmslos verkannt, weil sie sich auf einzelne ekklesiologische Konsequenzen fixiert haben. Es geht aber im Kern um den Zusammenhang von christologischem und ekklesiologischem Doketismus. Wenn Jesus nur der geschichtliche Mittler einer Idee, einer abstrakten Wahrheit oder Schrift ist, dann ist die Wahrheit ein Objekt, das man interpretieren kann; dann bleibt die Kirche als Interpretationsgemeinschaft der Wahrheit so äußerlich wie ein interpretierendes Subjekt dem interpretierten Objekt.

Wie der Mensch Jesus nicht die Verbergung oder bloße Vermittlung, sondern die reale Offenbarkeit des Wortes Gottes (des Logos) ist, so ist die Kirche keine bloße Interpretationsgemeinschaft, sondern Sakrament des Fleisch gewordenen Logos. So wenig die Wahrheit Gottes in Jesus Christus unsichtbar bleibt, so wenig darf die Kirche die Wahrheit zu einer transzendenten Größe erklären, die sich in unterschiedlichen Konfessionen (Interpretationen) spiegelt. Vielmehr entspricht der einen Wahrheit, die Jesus Christus als Person ist, eine einzige Kirche. Aus christologischen Gründen hat schon Papst Paul VI. (Erklärung *Mysterium ecclesiae* vom 24. Juni 1973) die weit verbreitete Meinung ab gewiesen, *„die Kirche Christi bestehe heute nirgendwo mehr wahrhaft, so dass sie nur als ein Ziel anzusehen sei, das alle Kirchen und Gemeinschaften erstreben müssten."* (DH 4530). Und aus christologischen Gründen erinnern die *Responsa* jene Zeilen aus LG 8, die von nur einer einzigen Subsistenz der einen wahren Kirche Jesu Christi sprechen. Diese Erinnerung ist in keiner Weise gegen das Selbstverständnis der anderen christlichen Konfessionen gerichtet. Auf der phänomenologischen Ebene sind die Christen überall Kirche. Auf die Frage aber nach dem Wesen der Kirche sieht sich die katholische Kirche zu keiner anderen Antwort in der Lage als der, dass dem christologischen Antidoketismus ein ekklesiologischer Antidoketismus entsprechen muss; dass die eine wahre Kirche Jesu Christi auch auf der sichtbaren Ebene eine einzige sein muss; und dass diese eine sichtbare Kirche nicht irgendwo, sondern da ist, wo die Bekenntnisgemeinschaft der autorisierten Zeugen (der Apostelnachfolger) sichtbar wird, nämlich in der Bekenntnisgemeinschaft mit dem Nachfolger Petri.

Anmekrungen

[1] Kongregation für die Glaubenslehre, *Antworten auf Fragen zu einigen Aspekten der Lehre über die Kirche*, hg. vom Sekretariat der Deutschen Bischofskonferenz, Bonn 2007. – Im Folgenden zitiert unter der Kürzel *Responsa*.

[2] Kongregation für die Glaubenslehre, *Schreiben an die katholischen Bischöfe über einige Aspekte der Kirche als Communio vom 28. 5. 1992*, hg. vom Sekretariat der Deutschen Bischofskonferenz (VAS 107), Bonn 1992. – Im Folgenden zitiert unter der Kürzel CN.

[3] Kongregation für die Glaubenslehre, *Erklärung „Dominus Iesus" über die Einzigkeit und die Heilsuniversalität Jesu Christi und der Kirche*, hg. vom Sekretariat der Deutschen Bischofskonferenz (VAS 148), Bonn 2000. – Im Folgenden zitiert unter der Kürzel DI.

[4] Kongregation für die Glaubenslehre, *Notifikation zu dem Buch „Kirche: Charisma und Macht. Versuch einer militanten Ekklesiologie" von Pater Leonardo Boff OFM* (11. 3. 1985), hg. vom Sekretariat der Deutschen Bischofskonferenz (VAS 67), Bonn 1985.– Im Folgenden zitiert unter der Kürzel NLB.

[5] *Responsa* 2.

[6] „Die sichtbare Versammlung und die geistliche Gemeinschaft [...] sind nicht als zwei verschiedene Größen zu betrachten, sondern bilden eine einzige komplexe Wirklichkeit [...]. Dies ist die einzige Kirche Christi, die wir im Glaubensbekenntnis als die eine, heilige, katholische und apostolische bekennen. Sie zu weiden, hat unser Erlöser nach seiner Auferstehung dem Petrus übertragen (Joh 21,17), ihm und den übrigen Aposteln hat er ihre Ausbreitung und Leitung anvertraut (vgl. Mt 28,18ff) [...] Diese Kirche, in dieser Welt als Gesellschaft verfasst und geordnet, ist verwirklicht in [subsistit in] der katholischen Kirche, die vom Nachfolger Petri und von den Bischöfen in Gemeinschaft mit ihm geleitet wird." (LG 8).

[7] Vgl. Alexandra von Teuffenbach, *Die Bedeutung des subsistit in LG 8. Zum Selbstverständnis der katholischen Kirche*, München 2002.

[8] NLB 6.

[9] Vgl. L. Boff, *Kirche: Charisma und Macht. Studien zu einer streitbaren Ekklesiologie*, aus dem Portugiesischen ins Deutsche übers. v. H. Goldstein u. K. Hermans, Düsseldorf 1985, bes. 138–141.

[10] Vgl. ebd. 256–258.

[11] Dazu: P. Plank, *Die Eucharistieversammlung als Kirche. Zur Entstehung und Entfaltung der eucharistischen Ekklesiologie Nikolaj Afanas'evs [1893–1966]*, (Das östliche Christentum. Neue Folge 31), Würzburg 1980; ders., *Kirche, Eucharistie und Vorsteheramt im Denken Nikolaj Afanas'evs*, in: *Die Eucharistie der Einen Kirche. Eucharistische Ekklesiologie – Perspektiven und Grenzen* (Koinonia 3), hg. v. A. Rauch u. P. Imhof, München 1983, 72–92; P. McPartlan, *The Eucharist makes the Church. Henri de Lubac and John Zizioulas in Di-*

alogue, Edinburgh 21996, bes. 75–235; M. Volf, *Trinität und Gemeinschaft. Eine ökumenische Ekklesiologie*, Mainz / Neukirchen-Vluyn 1996, bes. 26–119.

[12] Ausdrücklich plädiert Boff für eine pneumatozentrische statt christozentrische Kirche (vgl. Anm. 9, 236). Einer Kirche, die sich als Sakrament Christi statt als Sakrament des Heiligen Geistes versteht, ist aus seiner Sicht geprägt durch die der Unterscheidung zwischen Haupt und Leib Christi entsprechende Unterscheidung zwischen Aposteln bzw. Apostelnachfolgern und so genannten Laien. Aus Boffs Sicht ist die Apostolizität der Kirche nicht Ausdruck der apostolischen Sukzession, sondern Ausdruck der diachronen Glaubenstreue aller Geistträger (vgl. Anm. 9, 219).

[13] J. Ratzinger, *Weggemeinschaft des Glaubens. Kirche als Communio*, hg. v. O. Horn u. V. Pfnür, Augsburg 2002, 162.

[14] Ebd. 161.

[15] Ebd. 116.

[16] Vgl. ebd.

[17] Vgl. J. Ratzinger, *Zur Gemeinschaft gerufen. Kirche heute verstehen*, Freiburg 1991.

[18] CN 11.

[19] „Der Bischof ist sichtbares Prinzip und Fundament der Einheit in der Teilkirche, die seinem Hirtendienst anvertraut ist. Damit jedoch die Teilkirche voll Kirche sei, das heißt konkrete Präsenz der universalen Kirche mit allen ihren Wesenselementen, und somit nach dem Bild der Gesamtkirche gestaltet, muss in ihr als ureigenes Element die höchste Autorität der Kirche gegenwärtig sein: das Bischofskollegium ‚gemeinsam mit seinem Haupt, dem Bischof von Rom, und niemals ohne dieses Haupt' [LG 22,2]. Der Primat des Bischofs von Rom und das Bischofskollegium sind Wesenselemente der Gesamtkirche,‚die sich nicht aus der Partikularität der Kirche ableiten' [*Ansprache von Papst Johannes Paul II. vom 20. 12. 1990,* in: AAS 83 [1991] 745–747], die aber dennoch auch jeder Teilkirche innerlich zu eigen sind. Daher ‚müssen wir das Amt des Petrusnachfolgers nicht nur als einen globalen Dienst ansehen, der jede Teilkirche von außen erreicht, sondern als schon von innen her zum Wesen jeder Teilkirche gehörig' [*Ansprache von Papst Johannes Paul II. vom 16. 9. 1987,* in: *Insegnamenti di Giovanni Paolo II,* X/3 (1987) 556]." (CN 14).

[20] Denn aus jener „eucharistischen Kirchenvorstellung, die den Akzent auf die Wirklichkeit der im Namen Christi versammelten Teilkirche legt, [...] folgt, dass in Anbetracht der grundlegenden Gleichheit zwischen allen Teilkirchen und allen Bischöfen, die sie leiten, jede von ihnen eine eigene Autonomie besitzt. Dies hat offenkundige Auswirkungen auf die Lehre vom Primat, der nach katholischem Glauben ‚ein inneres Wesenselement' für das Bestehen einer Teilkirche ist. Natürlich muss immer unterstrichen werden, dass der Primat des Nachfolgers Petri, des Bischofs von Rom, nicht als äußere Zutat oder

als Konkurrenz gegenüber den Bischöfen der Teilkirchen verstanden werden darf.“ (*Responsa* 6).

[21] Der „Streit der Kardinäle“ wird durch folgende Beiträge dokumentiert:

- W. Kasper, *Zur Theologie und Praxis des bischöflichen Amtes*, in: W. Schreer – G. Steins (Hg.), *Auf neue Art Kirche sein* (FS Bischof Josef Homeyer), München 1999, 32–48;
- J. Ratzinger, *Die Ekklesiologie der Konstitution Lumen gentium*, in: Ders., *Weggemeinschaft des Glaubens. Kirche als Communio*, Augsburg 2002, 107–131;
- J. Ratzinger, Artikel *„Die große Gottesidee ‚Kirche‘ ist keine Schwärmerei“*, in: FAZ vom 22. 12. 2000, 46;
- W. Kasper, Das Verhältnis von Universalkirche und Ortskirche, in: StZ 218 (2000) 795–804;
- J. Ratzinger, *The Local Church and the Universal Church*, in: America 185 (2001) 7–11.

[22] Wörtlich spricht Walter Kasper von einer Verhältnisbestimmung zwischen Universalkirche und Einzelkirchen, „die praktisch mehr oder weniger eine Umkehrung bedeutet“ (*Zur Theologie und Praxis des bischöflichen Amtes* [Anm. 21], 43); und von dem „Versuch einer theologischen Restauration des römischen Zentralismus“ (ebd.).

[23] Vgl. Henri de Lubac, *Corpus Mysticum. Eucharistie und Kirche im Mittelalter. Eine historische Studie*, aus dem Frz. übers. v. H.U. v. Balthasar, Einsiedeln 1969, bes. 97–147.

[24] J. Ratzinger, *Ein Versuch zur Frage des Traditionsbegriffs*, in: K. Rahner – Ders., *Offenbarung und Überlieferung* (QD 25), Freiburg 1965, 28.

[25] E. Jüngel, *Credere in ecclesiam – Eine ökumenische Besinnung*, in: *Kirche in ökumenischer Perspektive* (FS Walter Kardinal Kasper), hg. v. P. Walter, K. Krämer u. G. Augustin, Freiburg 2003, 15–32; 19.

[26] „Bevor noch die Idee einer neutestamentlichen Schrift als ‚Kanon‘ formuliert war, hatte die Kirche bereits einen anderen Kanonbegriff gebildet; sie hatte zwar ihre Schrift im Alten Testament, aber diese Schrift bedurfte eines neutestamentlichen Auslegungskanons, den die Kirche in der durch die successio gewährleisteten traditio erblickte.“ (J. Ratzinger, *Primat, Episkopat und successio apostolica*, in: K. Rahner – Ders., *Episkopat und Primat* [QD 11], Freiburg 1961, 37–59; 47f).

[27] Ebd. 51.

Der Glaube an die Einheit der Kirche – in evangelischer Perspektive

von Eberhard Jüngel

Was die christliche Kirche in Wahrheit ist oder zu sein beansprucht, dürfte sich wohl nur denen ganz erschließen, die „in der Kirche" sind. Johann Wolfgang von Goethe hat es auf den Punkt gebracht, als er, das Wesen des Gedichtes bedenkend, Gedichte mit den gemalten Fensterscheiben gotischer Kathedralen und Kapellen verglich:

„Sieht man vom Markt in die Kirche hinein,
Da ist alles dunkel und düster.
Und so sieht's auch der Herr Philister.
[...]
Kommt aber nur einmal herein!
Begrüßt die heilige Kapelle;
Da ist's auf einmal farbig helle.
Geschicht' und Zierrath glänzt in Schnelle.
Bedeutend wirkt ein edler Schein."

In der Tat! Wer die real existierenden Kirchen aus der Distanz des Unbeteiligten wahrnimmt, käme schon auf den Gedanken, dass die Kirche ihrem Wesen nach eine einzige *(una)* sei, dazu auch noch heilig *(sancta)*, universal *(catholica)* und ursprungsgetreu *(apostolica)*? Das kann man nur glauben. Darin sind sich die römisch-katholische Kirche und die evangelische Kirche einig, wie ein Vergleich des „Katechismus der Katholischen Kirche" von 1993 mit den einschlägigen Äußerungen Luthers jedermann vor Augen führt. Ja, man hat mit einiger Plausibilität die Entstehung dieser der Kirche zugesprochenen, leuchtenden Vollkommenheitsattribute auf die kontrafaktische Situation der empirisch wahrnehmbaren und erfahrbaren Christenheit zurückgeführt. War es doch die durch ihre sie schmerzenden Spaltungen und Selbstentstellungen sich ihrem apostolischen Ursprung entfremdende Kirche, die sich mit dem Glauben an die eine, heilige, katholische und apostolische Kirche sozusagen zur Ordnung rief und sich ihres durch die kirchliche Wirklichkeit zutiefst problematisierten Wesens und Ursprungs vergewisserte.

„Eben deshalb muß die Einheit der Kirche so emphatisch ausgesagt werden, weil sie so radikal in Frage gestellt ist. Desgleichen muß die Apostolizität so betont hervorgehoben werden, weil man allzu sehr spürt, wie die Kirche von ihrem apostolischen Ursprung fortgerissen wird und in eine unbekannte Zukunft hineintreibt. Die Heiligkeit der Kirche wird deshalb so wichtig, weil sich die Spuren ihrer Unheiligkeit penetrant aufdrängen. Und die Universalität rückt für die Kirche deshalb so sehr in den Brennpunkt, weil ihr der eigene Hang zur Partikularität derartig zu schaffen macht. Die Vollkommenheitsaussagen sind geradezu provoziert durch die Erfahrung all der Unvollkommenheiten der Kirche. Sie sind Kampfansagen, die dagegen protestieren, den Anschein für die Wahrheit zu nehmen und aus dem, was vor Augen ist, das Urteil zu schöpfen, was letztlich gilt" *(Gerhard Ebeling)*. Es ist also kein Exzess einer sich selbst überschätzenden *ecclesia triumphans*, sondern es ist die Besinnung einer von ihrer eigenen Wirklichkeit zutiefst angefochtenen Kirche auf ihre eigentliche Bestimmung, die sie dazu veranlasst, sich zu ihrer Einheit, Heiligkeit, Katholizität und Apostolizität zu bekennen. Luther hat das im Blick auf die Heiligkeit der Kirche sogar so scharf pointiert, dass er behauptete: „Es gibt keine größere Sünderin als die christliche Kirche". Doch das zu erkennen setzt gerade ihre Heiligkeit voraus. Denn wer wirklich heilig ist, der weiß, wie sehr er der Sündenvergebung bedarf. Auch die Heiligkeit der Kirche ist aber wie deren Einheit Gegenstand des Glaubens.

Glauben richtet sich nach dem Urteil des Neuen Testaments (vgl. 2Kor 4,18; 5,7; Röm 8,24f.; Hebr 11,1.7.27) allerdings auf das, was nicht sichtbar ist. Das gilt wie für Gott so auch für die „eine heilige katholische und apostolische Kirche". Das heißt jedoch nicht, dass das Geglaubte in einer diffusen Weise unsichtbar und also der sichtbaren Welt völlig entzogen ist. Es ist vielmehr in einer präzisen Weise im Sichtbaren verborgen: so präzis, dass man sagen kann: da ist es. In diesem Sinne ist Gott im Menschen Jesus auf präzise und also identifizierbare Weise verborgen bzw. in verborgener Weise präsent. Und analog ist Jesus Christus im Brot und im Wein während der Abendmahlsfeier in verborgener Weise präsent. Und in wiederum analoger Weise gilt das von der *una sancta catholica et apostolica ecclesia*. „Das Unsichtbare", so Karl Barth, „ist hier … das Geheimnis des Sichtbaren" und nicht etwas gegenüber der sichtbaren Kirche heterogenes Anderes. Die geglaubte und insofern unsichtbare Kirche ist das Mysterium der sichtbaren Kirche. Darin müssten sich eigentlich alle christlichen Kirchentümer, wenn sie sich nur selber recht verstehen, einig sein. Dietrich Bonhoeffer hat in großer Nachbarschaft zu Karl Barth die Luther auch in dieser Hinsicht missverstehenden „Lutheranissimi" sogar mit der Behauptung zurecht gewiesen, es komme darauf an, dass Jesus Christus in der Welt „Gestalt gewinnt": nämlich in den real existierenden sichtbaren Kirchen.

Doch der Plural „Kirchen" wirft sofort die Frage auf, inwiefern denn dann noch von der *una ecclesia* die Rede sein kann. Wie versteht die evangelische Kirche das Glaubensbekenntnis, dass die Kirchen ihrem Wesen nach *eine* und *nur eine* sei?

Antwort: Genau so, wie sie glaubt, dass der dreieinige Gott

einer und nur einer ist. Das ist kein abstrakter Monotheismus im Sinne einer numerischen Reduktion von Vielen auf Einen, sondern es geht im Bekenntnis zu dem einen Gott um dessen Einzigkeit. Etwas salopp formuliert: Gott gibt es nur einmal und nicht wieder. Er ist einzig. Und deshalb gibt es auch die an ihn glaubende Gemeinschaft der Glaubenden, deshalb gibt es auch die christliche Kirche einmal und nicht wieder. Sie ist einzig.

Jede christliche Gemeinschaft der Glaubenden muss deshalb für sich den Anspruch erheben, dass die im Glaubensbekenntnis bejahte *una sancta catholica et apostolica ecclesia* sich in ihr konkret verwirklicht (subsistiert), so dass die geglaubte Kirche „ihre konkrete Existenzform" in der jeweiligen – sei es orthodoxen, sei es römisch-katholischen, sei es evangelischen – Kirche hat. Wo auf den Anspruch, dass die eine, heilige, katholische und apostolische Kirche in der eigenen Konfessionskirche „subsistiert", verzichtet wird, wird auch der Glaube an den dreieinigen Gott unglaubwürdig.

In diesem Sinne haben auch die Reformatoren den Anspruch erhoben, mit der Reformation der christlichen Kirche durch die reine Verkündigung des Evangeliums und die ihm entsprechende Darbietung der Sakramente der *una sancta catholica et apostolica ecclesia* zu ihrer konkreten Existenzform zu verhelfen. Deshalb haben die Reformatoren auch Wert darauf gelegt, dass die durch Gottes Wort reformierte Kirche auf keinen Fall eine *neue* Kirche sei, sondern beansprucht, „daß wir die rechte alte Kirche sind". Und wer „die rechte alte Kirche" ist, das weiß nach Luther „ein Kind von 7 Jahren": „nämlich die heiligen Gläubigen und die Schäflein, die ihres Hirten Stimme hören".

Luther wurde von der damaligen römisch-katholischen Kirche exkommuniziert. Das musste er wohl so verstehen, dass diese Kirche nicht auf die Stimme Jesu Christi hören wollte, der die Reformation wieder Gehör zu verschaffen sich bemühte. Und deshalb hat er den institutionellen Repräsentanten dieser ihn exkommunizierenden Kirche nicht zugestehen wollen, „dass sie die Kirche seien und sind's auch nicht". Und eben deshalb wollten er und die evangelischen Christen „auch nicht (mehr auf das) hören, was sie unter dem Namen der Kirche gebieten oder verbieten".

Also gegenseitige Exkommunikation? Im Blick auf sich gegenseitig exkommunizierende Kirchen kann man nun allerdings nicht gut behaupten, dass die *una ecclesia* in jeder von ihnen „subsistiert" und dann auch noch folgern, dies entspreche der „Subsistenz" der einen Gottheit in den Personen des Vaters, des Sohnes und des Heiligen Geistes. Das würde in der Tat, wie Joseph Ratzinger schon vor Jahren behauptete und nun mit ihm auch Karl Lehmann behauptet, „in einem Drei-Götter-Glauben" enden. Doch ich hatte genau umgekehrt erwogen, ob nicht so, wie die eine Gottheit in den drei durch ihr gegenseitiges Anderssein aufeinander bezogenen „Personen" des Vaters, des Sohnes und des Heiligen Geistes ihre „konkrete Existenzform hat (subsistiert)", auch die an den dreieinigen Gott glaubenden Kirchen, statt sich gegenseitig zu exkommunizieren, anerkennen könnten und sollten, dass in jeder von diesen Kirchen die *una sancta catholica et apostolica ecclesia* ihre „konkrete Existenzform" hat (subsistiert). Schon die Theologen der alten Kirche haben herausgestellt, dass Gott der Vater *(alius)*, der Sohn *(alius)* und der Heilige Geist *(alius)* sich durch ihr gegenseitiges Anderssein so aufeinander beziehen, dass ihr göttliches Wesen dadurch nicht alteriert, also kein *aliud* wird. Dann und nur dann ist die Analogie zwischen der trinitarischen Subsistenz des einen göttlichen Wesens im Vater, im Sohn und im Heiligen Geist und der Subsistenz der einen Kirche Jesu Christi in unterschiedlichen Konfessionskirchen in dem Sinne hilfreich, dass man legitimer Weise von einer „Wesensgemeinschaft gegenseitigen Andersseins" reden könnte und eine gegenseitige Exkommunikation nicht mehr möglich wäre. Das sollte man nicht durcheinander bringen. Soviel Logik muss sein.

Die geglaubte Einheit der Kirche war ja von vornherein nicht als Uniformität intendiert. Der christliche Glaube lässt sich gar nicht in Uniform bringen. Das Bekenntnis zur Einheit der Christen soll auch nicht die Unmittelbarkeit des einzelnen Christen zu Gott problematisieren, sondern dieser vielmehr zugute kommen. Denn nur in der Gemeinschaft der Glaubenden kann das individuelle Ich seinen eigenen aus dem eigenen Herzen kommenden Glauben zur Geltung bringen. Wie umgekehrt die Gemeinschaft der Glaubenden Schaden nähme, ja pervertiert würde, wenn die Individualität des jeweiligen Ich einer klerikalen Gleichschaltung zum Opfer viele. Ein isoliertes Ich verlöre seine ihm eigentümliche Individualität. Eine die Individualität der einzelnen Glaubenden gleichschaltende Kirche verlöre ihre von Herzen kommende Frömmigkeit.

Die Einheit der Kirche bedeutete denn auch von ihrem Ursprung her die Identität der Kirche Jesu Christi in legitimer Differenz: nämlich in der Unterschiedenheit (1.) der vielen Glieder des einen Leibes Christi; (2.) der zu ihr gehörenden Lebenden und Toten; (3.) der lokal getrennten aber miteinander im Gebet und in der Kollekte kommunizierenden einzelnen Gemeinden; (4.) der im Frieden Christi miteinander versöhnten Juden und Heiden usw. In allen diesen legitimen Differenzen will sich die gegenüber diesen Differenzen immer noch größere Einheit behaupten. Entscheidend ist dabei, dass – worauf schon der altkirchliche Bischof Ignatius insistierte – die eine, heilige, katholische und apostolische Kirche da ist, wo Christus ist. Und Christus ist da, wo das Evangelium rein verkündigt und die Sakramente dem Evangelium gemäß gefeiert werden. Deshalb hält die Evangelische Kirche in Deutschland Kirchengemeinschaft zwischen bekenntnisverschiedenen und kirchenrechtlich selbstständig bleibenden Kirchen dann für möglich, wenn diese Kirchen „den sich in Wort und Sakrament selbst mitteilenden Jesus Christus als den ihre Gemeinschaft allein tragenden Grund anerkennen“ und daraufhin „das gemeinsame Verständnis des Evangeliums von der Rechtfertigung und der Sakramente feststellen“. Dann können sie sich als – ich zitiere einen von Walter Kardinal Kasper in Vorschlag gebrachten Ausdruck – Kirchen verschiedenen Typs gegenseitig bejahen. Und das hat mit einem sozusagen getauften modernen oder gar postmodernen Pluralismus nichts zu tun. Solchem ekklesiologischen Pluralismus steht das der kirchlichen Verkündigung und Sakramentsverwaltung dienende kirchliche Amt im Wege. Und es soll ihm im Wege stehen. Das sich göttlicher Anordnung verdankende kirchliche Amt gehört zum Sein der Kirche. Doch wie? Das ist die in der ökumenischen Theologie noch immer umstrittene Frage.

Für das evangelische Verständnis hat das sich göttlicher Stiftung verdankende kirchliche Amt nicht die Funktion, so etwas wie „Herrschaft der einen über die anderen“ zu begründen, wie die 1934 beschlossene „Barmer Theologische Erklärung“ in Erinnerung rief. Dass die berufenen Amtsträger „die Person Christi repräsentieren“, dass sie „an Christi statt *(Christi vice et loco)*“ agieren, wie es in den lutherischen Bekenntnisschriften heißt, ist kein hierarchischer Herrschaftsakt, sondern kirchlicher Dienst. Es setzt das allgemeine Priestertum aller Gläubigen nicht herab, sondern voraus und besagt nicht, dass das Gegenüber von ordiniertem Geistlichen und der Gemeinde für diese irgendein geistliches Defizit bedeutet. Das ordinierte Amt soll vielmehr den überkomplexen geistlichen Reichtum des christlichen Lebens so ordnen, dass dieser Reichtum in rechter Weise fruchtbar werden und zur Geltung kommen kann. Weil in der Gemeinde alle Glaubenden „Gewalt und Macht haben zu predigen, ist eine Ordnung zu halten von Nöten" (Luther), die die Überkomplexität des geistlichen Lebens der Christen für diese selbst und für die Nichtchristen öffentlich kommunikabel macht.

Deshalb sind auch die Amtsträger dann und nur dann angemessene Vertreter der lehrenden und predigenden Kirche *(ecclesia docens)*, wenn sie zuvor Glieder der auf die Stimme Jesu Christi hörenden Kirche *(ecclesia audiens)* waren und auch immer wieder werden. Denn auf Gottes Wort hörend wird ein Mensch ein Christenmensch, wurde Luther zu betonen nicht müde. Und auf Gottes Wort hörend bleibt er ein Christenmensch. So auch die Kirche: nur als hörende kann sie auch zur redenden und handelnden Kirche werden. Und dass sie hörende Kirche bleibt, dafür zu sorgen ist das zum Sein der Kirche gehörende Amt da, das aber seinerseits nur zu reden und zu handeln befugt ist, wenn es im Hören verharrt. Denn nur eine auf Gottes Wort hörende Kirche bleibt eine menschliche Kirche.

Und so kann denn auch die Einheit der einen Kirche Jesu Christi nur dann in der Welt Gestalt gewinnen, wenn die bislang getrennten Kirchen gemeinsam auf die Stimme Jesu Christi hören und so gemeinsam realisieren, was Luther von der Feste Coburg aus seinem auf dem Augsburger Reichstag um das Wohl der Kirchen allzu besorgten und mit nahezu übermenschlichen Anstrengungen tätigen Freund Melanchthon mitteilen ließ: „Wir sollen Menschen und nicht Gott sein. Das ist die Summa". Und die gemeinsame Realisierung dieser „Summa" des Christentums in allen Kirchen ist die Bedingung der Möglichkeit, den Weg zur sichtbaren Einheit der Christenheit zu finden.

Kirche im eigentlichen Sinn

Eine Stellungnahme aus evangelischer Sicht

von Gunther Wenz

Zur Jahrtausendwende wurde den reformatorischen Kirchen von offizieller vatikanischer Seite attestiert, dass sie nach römisch-katholischer Lehre keine Kirchen im eigentlichen Sinne seien; sie könnten daher auch nicht als Schwesterkirchen anerkannt werden. Dieses schroffe Urteil wurde Ende Juni dieses Jahres von der römischen Kongregation für die Glaubenslehre mit Zustimmung von Papst Benedikt XVI. in dürren Worten wiederholt.

Über den Anlass des erneuten Verdikts kann man rätseln; an seiner Begründung hat sich nichts geändert: den aus der Reformation hervorgegangenen kirchlichen Gemeinschaften – von Kirchen ist bewusst nicht die Rede – fehle ein hierarchisch geordnetes Weihepriestertum mit rechtmäßigen Bischöfen, die in der Nachfolge der Apostel gemeinsam mit dem Papst als Nachfolger Petri ihres Amtes walten. Wegen dieses Mangels sei im Protestantismus die ursprüngliche und vollständige Wirklichkeit des eucharistischen Mysteriums nicht bewahrt worden. Die Weigerung Roms, evangelischen Christen abgesehen von ganz wenigen Ausnahmefällen die Teilnahme an der Messe zu gewähren, folgt daraus ebenso wie das lehramtliche Verbot für Katholiken, das evangelische Abendmahl zu empfangen.

Die harte Haltung Roms hat zu ökumenischen Verstimmungen geführt. Doch sollte man es evangelischerseits nicht beim Ärger belassen, sondern ökumenisch aufgeschlossen und argumentativ für das eigene Kirchenverständnis werben. Es gibt gute Gründe, evangelisch zu sein.

Was ist Kirche? Das Grundbekenntnis der Reformation, die *Confessio Augustana* von 1530, gibt auf diese Frage eine bündige Antwort: „Die Kirche ist die Versammlung aller Gläubigen, bei denen das Evangelium rein gepredigt und die Sakramente stiftungsgemäß dargereicht werden." Kirche ist Gottesdienstgemeinschaft. Wo Menschen zum Hören des in der Hl. Schrift beurkundeten Wortes und zur sakramentalen Feier zusammenkommen, um im Glauben Anteil zu gewinnen an dem Heil, das Gott uns durch Jesus Christus bereitet hat, da verwirklicht sich Kirche im eigentlichen Sinn. Sie ist, wie Luther sagt, kein steinernes Haus, nicht eine nach Art eines Staates verfasste Institution, sondern das versammelte Volk Gottes, das sein Dasein im Glauben an das Evangelium hat, wie es der Hl. Geist durch Wort und Sakrament als Kennzeichen der Kirche verbürgt.

Kirche im eigentlichen Sinn verwirklicht sich überall und immer, wo und wann der Hl. Geist durch das Evangelium Jesu Christi Glauben wirkt. Konkrete Gegenwartsgestalt nimmt die Kirche in der lokalen Gottesdienstgemeinde an. Doch ist jede Ortsgemeinde ihrem Wesen nach mit einem universalkirchlichen Bezug versehen und über die Grenzen von Raum und Zeit hinweg im gemeinsamen Bekenntnis des Glaubens unveräußerlich mit der ganzen Christenheit auf Erden zu allumfassender Einheit verbunden.

Das Wort „katholisch" stammt aus dem Griechischen und heißt übersetzt „allgemein, das Ganze betreffend, universal". So verstanden bekennt sich evangelischer Glaube genauso entschieden zur Katholizität wie zur Einheit, Heiligkeit und Apostolizität der Kirche. Ihrem Selbstverständnis gemäß hat die evangelische Kirche keineswegs erst im 16. Jahrhundert ihren Anfang genommen; sie weiß sich vielmehr mit dem apostolischen Ursprung und Grund der ungeteilten Christenheit kontinuierlich verbunden. Auch in räumlicher Hinsicht anerkennt sie keine äußeren Schranken ihrer Realisation. Es gibt evangelische Landeskirchen und eine Evangelische Kirche in Deutschland, aber keine evangelische Kirche, für deren Wesen Deutschsein oder ethnische Zugehörigkeit von Bedeutung wäre. Evangelisches Christentum ist auf Ökumene, d.h. auf den ganzen Weltkreis ausgerichtet, Katholizität kein Alleinstellungsmerkmal des römischen Katholizismus.

Fehlt den Reformationskirchen ein ordnungsgemäßes Amt? Auf diese Frage ist zunächst mit dem Hinweis zu antworten, dass das kirchliche Amt öffentlicher Evangeliumsverkündigung und Sakramentsverwaltung nach evangelischer Lehre wesentlich zum Kirchesein der Kirche gehört. Zu seiner Wahrnehmung bedarf es einer ordnungsgemäßen Berufung unter Gebet und Handauflegung durch Repräsentanten der Gesamtkirche. Als geordneter Dienst an Wort und Sakrament ist das besondere Amt, zu dem die Kirche in göttlichem Auftrag beruft, allein dem schriftgemäßen Evangelium und nicht etwa dazu verpflichtet, den jeweiligen gemeindlichen Mehrheitswillen zu vertreten. Es verdankt sich keiner Delegation der Gemeinde und steht als Institution nicht in deren Verfügungsgewalt. Die evangelische Ordnung des kirchlichen Amtes beinhaltet aber ebenso, dass kirchenamtliche Autorität in keiner ihrer Gestalten ununterscheidbar mit der Vollmacht des Evangeliums gleichgesetzt werden darf. Das kirchliche Amt hat seinen Dienst stets inhaltlich zu legitimieren und kann ihn sachgemäß niemals auf bloß formalautoritative Weise verrichten. Infolgedessen haben die Gemeindeglieder nicht nur das Recht, sondern auch die Pflicht, kirchliche Amtsvollzüge auf der Basis der Hl. Schrift und des gemeinsamen Glaubensbekenntnisses auf ihre Sachgemäßheit hin zu überprüfen. Amtskritik ist möglich und gegebenenfalls geboten.

Ein Exklusivanspruch auf die christliche Wahrheit und ihre Gewährleistung kommt dem kirchlichen Amt nach evangelischem Verständnis nicht zu. Dagegen steht die geistliche Gleichheit aller getauften Glaubenden und ihre Teilhabe am allgemeinen Priestertum. Seine Allgemeinheit im Sinne der Katholizität der Kirche zu fördern und zu wahren, ist eine Aufgabe, die dem kirchlichen Amt in besonderer Weise aufgetragen ist. Es ist seinem Wesen nach Dienst an der Einheit der Vielen durch öffentliche Evangeliumsverkündigung und Sakramentsverwaltung nach Maßgabe der Hl. Schrift.

Zentrale Aufgabe des kirchlichen Amtes, zu dem Männer und Frauen bei gegebener Eignung gleichermaßen berufen werden können, ist die Leitung des Gottesdienstes der versammelten Gemeinde. Unbeschadet möglicher Sonderformen ist daher das Ortspfarramt die evangelische Grundgestalt kirchlichen Amtes. Weil aber jede Ortsgemeinde wesentlich mit einem universalkirchlichen Bezug verbunden ist, muss es auch nach evangelischer Auffassung Ämter überörtlicher Aufsicht und Kirchenleitung geben. Diejenigen, die diesen episkopalen Dienst ausüben, werden traditionell Bischöfe genannt, obwohl es auf den Begriff als solchen nicht ankommt. Worauf es ankommt, ist die institutionelle Wahrnehmung universalkirchlicher Bezüge. Gemeindevisitationen gehören daher ebenso zu den bischöflichen Grundaufgaben wie die Mitwirkung bei Ordinationen kirchlicher Amtsträger und Amtsträgerinnen.

Kennt sonach auch die evangelische Kirche unterschiedliche Gliederungsformen des kirchlichen Amtes und unterschiedliche Reichweiten der jeweiligen Dienstaufträge, so wird dadurch dennoch die wesentliche Einheit von Ortspfarramt und überörtlichem Leitungsamt nicht aufgehoben. Beide sind einander nicht nach Weise einer geistlichen Hierarchie und nach Art abgestufter Weihegrade zugeordnet. Generell gilt, dass sich die Struktur evangelischer Kirche nicht in Form einer Pyramide abbilden lässt. Ihre Verfassung strebt denn auch auf kein monarchisches Spitzenamt zu, dem unter Umständen Unfehlbarkeit in kirchlichen Glaubens- und Sittenfragen oder der Primat universalkirchlicher Jurisdiktion zuzuerkennen wäre. Dies wird unter anderem daran deutlich, dass evangelische Kirchenverfassungen gemeindliche Mitwirkungsrechte synodaler Art auf allen Ebenen kirchlicher Leitung vorsehen. Kirchliche Einheit gewährleistet kein einzelner Christ allein und auch keine gesonderte Gruppe von Christen. Sie nimmt verfasste Gestalt in Form einer Verantwortungsgemeinschaft Verschiedener an, deren individuelle Verschiedenheit, ohne aufzuhören, in Christus ihren trennenden Charakter verloren hat.

Ihr Kriterium findet die Einheit der Kirche am Gehalt des in der Hl. Schrift beurkundeten Evangeliums Jesu Christi, dem alle Gestalten kirchlichen Amtes dienend zugeordnet sind. Daran hat sich auch die Vorstellung apostolischer Sukzession zu bemessen. Sie zielt auf die inhaltliche Übereinstimmung mit dem Evangelium, dessen berufene Erstzeugen die Apostel waren. Das kirchliche Amt in der Nachfolge der Apostel ist öffentlicher Dienst am apostolischen Evangelium. Das Zeichen, unter dem die Berufung zu diesem Dienst erfolgt, ist bedeutsam und prägend, auch wenn die Vorstellung einer bis zu den Aposteln zurückreichenden ununterbrochenen Kette bischöflicher Handauflegungen historisch ebenso unhaltbar ist wie die Annahme, Benedikt XVI. sei der 265. Nachfolger des Apostels Petrus. Nicht auf historische Fiktionen, sondern auf die zeichenhaft wirksame Berufung zum Dienst der öffentlichen Verkündigung des apostolischen Evangeliums in Wort und Sakrament und darauf kommt es an, dass das kirchliche Amt in allen seinen Gestalten durch den Gehalt des Evangeliums begründet und begrenzt ist. Inhaltlich begründete Autorität ist ein hohes Gut; ein struktureller Autoritarismus, der für kirchliche Amtspersonen eine exklusive Definitionshoheit über die Wahrheit des Evangeliums beansprucht, ist hingegen mit einem Kirchenverständnis im apostolischen Sinne nicht vereinbar.

Einheit durch Vielfalt

Bedeutung und Grenze „pluralistischer Ekklesiologie"

von Jan-Heiner Tück

Ein Dokument der römischen Glaubenskongregation hat den ökumenischen Disput um das Verständnis der Kirche neu entfacht. Das Papier, das am 10. Juli 2007 unter dem Titel „Antworten auf Fragen zu einigen Aspekten bezüglich der Lehre über die Kirche" veröffentlicht wurde, betont, dass die eine Kirche Jesu Christi allein in der römisch-katholischen Kirche verwirklicht ist, und spricht den aus der Reformation hervorgegangenen kirchlichen Gemeinschaften ab, „Kirche im eigentlichen Sinn" zu sein. Diese Lehre ist nicht neu. Das Dokument wiederholt, was im Jahr 2000 bereits *Dominus Iesus* (Art. 16–17) gesagt hatte; aber allein diese Wiederholung gibt zu denken, wenn man die ökumenischen Irritationen vergegenwärtigt, die *Dominus Iesus* seinerzeit hervorgerufen hat. Offensichtlich ist die Befürchtung in Rom, dass die semantischen Konturen des katholischen Kirchenverständnisses *durch katholische Theologen* aufgeweicht werden, in den letzten Jahren nicht geringer, sondern eher größer geworden.

Bei der Interpretation des Dokuments, das vor allem lehramtliche Aussagen zum katholischen Kirchenverständnis in Erinnerung ruft, ist zu beachten, dass es sich um eine Stellungnahme der *Glaubenskongregation* und nicht um ein Dokument des *Rats zur Förderung der Einheit der Christen* handelt. Während die Glaubenskongregation es als ihre vordringliche Aufgabe betrachtet, korrigierend in den binnenkatholischen Diskurs einzugreifen, wenn sich Fehlinterpretationen des Glaubens anbahnen, pflegt der Rat zur Förderung der Einheit der Christen die ökumenischen Kontakte zu den nichtkatholischen Kirchen und kirchlichen Gemeinschaften. Allerdings ist es im Zeitalter einer globalen Öffentlichkeit klar, dass lehramtliche Regulierungen *ad intra* nicht ohne Auswirkungen *ad extra* bleiben und auch von nichtkatholischer Seite aufmerksam registriert werden. Anders als die Dokumente des II. Vatikanischen Konzils, die dem Erwartungshorizont der nichtkatholischen Beobachter und der Weltpresse zu entsprechen suchten und geradezu im Angesicht der anderen formuliert wurden[1], handelt es sich beim Dokument der Glaubenskongregation um einen Text, der auf strittige Fragen des katholischen Kirchenverständnisses knapp und präzise antwortet, ohne auf mögliche Sensibilitäten nichtkatholischer Rezipienten einzugehen. Das literarische Genus der *Responsa ad quaestiones* schließt überdies den Verzicht auf erläuternde Argumentationen ein, weshalb dem Dokument flankierend ein Kommentar der Glaubenskongregation beigegeben ist.

Die *Responsa* wenden sich vornehmlich gegen Tendenzen einer pluralistischen Ekklesiologie, welche die unterschiedlichen konfessionellen Ausprägungen des Christentums als im Prinzip gleichwertige Repräsentationen der einen Kirche Jesu Christi ansieht. Es genügt demnach nicht zu sagen: Die katholische Kirche ist auf andere Weise Kirche als andere Kirchen und kirchliche Gemeinschaften – eine Sprachregelung, die ökumenisch entgegenkommender wäre, aber den einzigartigen Anspruch des katholischen Kirchenverständnisses scheinbar eher verdeckt.[2] Es soll vielmehr gesagt werden: Die katholische Kirche ist Kirche im eigentlichen Sinn, in ihr allein subsistiert die eine Kirche Jesu Christi, woraus folgt, dass die aus der Reformation hervorgegangenen kirchlichen Gemeinschaften, die gewisse Mängel aufweisen, eben nicht Kirche in eigentlichem Sinn zu nennen sind. Der Titel „Schwesterkirche“ wird ihnen abgesprochen. Gerade die erneute Erinnerung an diese Aussagen ist – nicht nur von evangelischer Seite – als „ökumenisch brüskierend“ (Wolfang Huber) und „fatal“ (Margot Käßmann) kritisiert worden.

Um die Stärken, aber auch Grenzen einer pluralistischen Ekklesiologie deutlich zu machen, möchte ich in einem ersten Schritt an Oscar Cullmanns seinerzeit viel beachtetes Buch *Einheit durch Vielfalt* erinnern. Mit dem Begriff ‚pluralistische Ekklesiologie‘ kennzeichne ich *ad hoc* die Auffassung, dass die eine Kirche Jesu Christi in mehreren Konfessionskirchen zwar unterschiedlich, aber doch im Prinzip gleichwertig verwirklicht ist. Indem pluralistische Ekklesiologie die Anerkennung bestimmter Grundwahrheiten des Glaubens für wesentlich hält, hebt sie sich ab von einem blanken Relativismus, der unterschiedslos jeder Gemeinschaft, die sich auf Jesus beruft, die gleiche ekklesiale Dignität zuspricht.[3] Allerdings eignet ihr insofern ein relativierendes Moment, als sie einen ekklesiologischen Singularitätsanspruch ablehnt. Das unterscheidet sie vom offiziellen Selbstverständnis der katholischen Kirche (und der orthodoxen Kirchen), für die zwar ein Plural von bischöflich verfassten Ortskirchen die Einheit der Kirche konstituiert, *nicht* aber ein Plural von Konfessionskirchen. Damit steht nun aber die Frage im Raum, ob die Ablehnung einer pluralistischen Ekklesiologie zwangsläufig in einen Exklusivismus führt, der gerade durch seinen Singularitätsanspruch die ökumenische Verständigung lähmt. Um hier weiter zu kommen, rufe ich in einem zweiten Schritt eine ganze Serie lehramtlicher Dokumente in Erinnerung, die das offizielle Selbstverständnis der katholischen Kirche nach dem Konzil verdeutlicht haben. Die Interpretation von *Dominus Iesus* und den *Responsa* der Glaubenskongregation bilden dabei einen gewissen Schwerpunkt. Abschließend werde ich die

These vertreten, dass das katholische Kirchenverständnis jenseits der Alternative von Exklusivismus und Pluralismus auf einen Inklusivismus hinausläuft. Auch eine inklusivistische Ekklesiologie, welche die katholische Kirche als die einzige und unüberbietbare Realisationsform der einen Kirche Jesu Christi ansieht, setzt sich allerdings dem Verdacht der Anmaßung aus, insofern sie anderen Kirchen und kirchlichen Gemeinschaften einen defizitären Status zuschreibt. Um diesem Vorwurf abzumildern, werde ich an andere Konzilsaussagen erinnern, die auf die faktische Verwundung der *Catholica* Bezug nehmen und es erlauben, wesentliche Anliegen Cullmanns in das Selbstverständnis der katholischen Kirche einzuschreiben.

1. „Einheit durch Vielfalt"– O. Cullmanns Votum für eine pluralistische Ekklesiologie

Oscar Cullmann (1902–1999), der nicht nur Konzilsbeobachter, sondern auch Ratgeber und Freund dreier Päpste gewesen ist, hat in seinem Buch *Einheit durch Vielfalt*[4] eine bemerkenswerte Würdigung der konfessionellen Verschiedenheit vorgetragen. Sein Buch, das für eine konziliare Versammlung von Kirchen, die Kirchen bleiben, werben will, umfasst drei Teile. Nach einer neutestamentlichen Grundlegung, welche auf die paulinische Charismenlehre zurückgreift, um das ökumenische Konzept einer Einheit durch Vielfalt neutstamentlich grundzulegen, wird ein Vorschlag zur praktischen Umsetzung des Konzepts entwickelt, das abschließend in Auseinandersetzung mit alternativen Entwürfen präzisiert wird.

Einleitend verdeutlicht Cullmann sein Verständnis von Ökumene. Einheit der Kirchen möchte er nicht im Sinne von Uniformität verstanden wissen, sondern als Einheit in der Vielfalt; Vielfalt hingegen sei nicht als zusammenhanglose

Pluralität oder gar Zersplitterung zu begreifen, sondern als Vielfalt in der Einheit. Einheit und Vielfalt sind demnach Begriffe, die sich wechselseitig näher bestimmen. Auf die ökumenische Problematik bezogen schließt diese Wechselbestimmung eine völlige Gleichschaltung aller Kirchen ebenso aus wie eine „Ökumene der Gegensätze“, welche das konfessionelle Eigenprofil auf Kosten der Einheit festschreibt. Darüber hinaus unterscheidet sich Cullmanns Anliegen von Entwürfen, welche die Gemeinschaft konfessionell eigenständiger Kirchen lediglich als Durchgangsstadium akzeptieren, *in the long run* aber das Aufgehen der unterschiedlichen Kirchen in einer organischen Union anstreben. Schließlich sieht er in der von vielen als Tugend empfohlenen „ökumenischen Ungeduld“ eher ein Laster, das es zu domestizieren gilt. Insbesondere warnt Cullmann vor einer Forcierung der Abendmahlgemeinschaft, die über die bestehende Differenzen hinweggeht und nicht selten von einer problematischen Indifferenz in Glaubensfragen geprägt sei (72).

Das von Cullmann angestrebte Projekt einer Gemeinschaft von Kirchen, „die als solche nicht selbst Leib Christi ist“, soll demgegenüber „verdeutlichen und garantieren, dass in jeder Einzelkirche die *eine* Kirche als Leib Christi sichtbar in Erscheinung tritt“ (23).[5] Im Hintergrund dieser Auffassung steht eine eminent positive Bewertung der konfessionellen Verschiedenheit, die pneumatologisch legitimiert wird. Unter Rückgriff auf das paulinische Gleichnis vom einen Leib und den vielen Gliedern (1Kor 12, 4–31) stellt Cullmann heraus, dass die vom Heiligen Geist ins Leben gerufene Kirche ein Organismus ist, der Einheit gerade *durch* Vielfalt realisiert. In der Vielfalt aber komme der Reichtum der Fülle des Heiligen Geistes zum Ausdruck.

Nun besteht an dieser Stelle das Problem, dass Paulus das Gleichnis vom einen Leib und den vielen Gliedern auf die Gemeinde und ihre individuellen Glieder bezieht. Cullmann hingegen glaubt das Gleichnis auf die ökumenische Problematik der einen Kirche in der Vielfalt der Konfessionen übertragen zu können. Diese Übertragung rechtfertigt er durch den Hinweis, schon Paulus habe jeder der unterschiedlichen Gemeinden eine eigene Mission zugeschrieben (28f). In jeder Einzelkirche sei die eine Kirche Jesu Christi vorhanden. Unbestritten ist, dass für den Völkerapostel die eine Kirche Jesu Christi an unterschiedlichen Orten in unterschiedlichen Gemeinden gegenwärtig ist. Aber kann dieses Netz von Gemeinden gleichgesetzt werden mit der späteren Wirklichkeit unterschiedlicher Konfessionen? Zwischen den Gemeinden in Rom, Korinth, Galatien, Philippi, Thessalonike etc. bestehen bei aller Eigenständigkeit keine Verwerfungen oder Spaltungen, wie sie durch das sog. Morgenländische Schisma und dann im 16. Jahrhundert zwischen der katholischen Kirche und den aus der Reformation hervorgegangenen Konfessionskirchen aufgebrochen sind. Daher wäre die Rückfrage zu stellen, ob Cullmanns Übertragung des paulinischen Gleichnisses auf die Lage zwischen den Konfessionskirchen nicht doch anachronistisch ist.

Doch stellen wir die Kritik einstweilen zurück und folgen weiter der Argumentation Cullmanns. Er vertieft seine Sicht durch die ökumenisch bemerkenswerte These, „dass jede christliche Konfession eine *unverlierbare* Geistesgabe, ein Charisma, hat, das sie behalten, pflegen, reinigen und vertiefen, und nicht einer Gleichschaltung zuliebe entleeren soll“ (14). Er unterscheidet drei große Konfessionsfamilien: den aus der Reformation hervorgegangenen Kirchen und kirchlichen Gemeinschaften[6] attestiert er das Charisma der *biblischen Konzentration* und der *Freiheit*; der römisch-katholischen Kirche schreibt er die Charismen des *Universalismus* und der *Institution* zu; in den Kirchen der Orthodoxie schließlich sieht er die Gabe einer theologischen Vertiefung des *Geistbegriffs* sowie der Bewahrung überkommener *liturgischer Formen* am Werk (vgl. 34f.). Nur in und durch diese Vielfalt unverlierbarer Charismen realisiere sich die Einheit der Kirche Jesu Christi. Um eine Gemeinschaft autonomer Kirchen realisieren zu können, müsse jede Kirche ihr besonderes Charisma vor Entstellungen schützen und erfahre gerade im Dialog mit den „Schwesterkirchen" (33) bereichernde Ergänzung. Die vornehmliche Frage im wechselseitigen Austausch dürfe nicht sein, was an der anderen Kirche zu kritisieren sei, sondern das, was von ihr zu lernen sei. Ein kontroverstheologischer Abgrenzungsdiskurs soll demnach durch eine ökumenische Hermeneutik der Anerkennung abgelöst werden, ohne dass strittige Fragen verschwiegen würden. Denn nach Anerkennung des charismatischen Profils der Schwesterkirchen müsse dann um der Wahrheit willen auch das Trennende zur Sprache kommen. Eine „erkenntnistheoretische Toleranz" oder Urteilsenthaltung, die Trennendes einklammert, hält Cullmann für ökumenisch nicht weiterführend. So kann das evangelische Charisma der biblischen Konzentration in einen Biblizismus abgleiten, und der Respekt der Orthodoxie für die liturgischen Traditionen zu einem sterilen Ritualismus führen. Der Universalismus, das Charisma der katholischen Kirche, könne hingegen durch den Anspruch entstellt werden, allein die Fülle des Evangeliums zu besitzen und zu garantieren.[7] Cullmann sieht in diesem Alleinvertretungsanspruch, wie er deutlich in der Enzyklika *Mystici corporis*, abgeschwächt aber auch auf dem Zweiten Vatikanum artikuliert worden ist, das entscheidende Hindernis für die Realisierung seines Konzepts einer *Gemeinschaft von eigenständigen Kirchen*.[8] Sein Konzept steht und fällt damit, dass sich die konfessionellen Ausgestaltungen des Christentums wechselseitig als Kirchen anerkennen und paritätisch auf gleicher Augenhöhe kommunizieren. Cullmann warnt darüber hinaus vor einer

„Entartung“ des anderen katholischen Charismas, der Institution. Es könne zum „Institutionalismus“ und „Totalitarismus“ führen und würde dann jeden Geist der Verständigung ersticken (39). Die Warnung vor solchen Depravationen ist für Cullmann notwendig, weil gerade die Entstellungen zu feindlichen Spaltungen führen, während die recht gepflegten Charismen die Einheit durch Vielfalt vertiefen.

Das Problem, dass die eine Kirche etwas für Entstellung hält, was für die andere unaufgebbare Lehre ist (z. B. päpstlicher Primat), versucht Cullmann dadurch zu lösen, dass er zwischen zentralen und peripheren Wahrheiten des Glaubens unterscheidet. Er greift dazu auf den Grundsatz der „Hierarchie der Wahrheiten“ zurück, der sich im Ökumenismus-Dekret findet (vgl. UR 11). Nur wenn die Einheit in bestimmten Grundwahrheiten des Glaubens gegeben sei, könnten verbleibende Divergenzen in abgeleiteten Wahrheiten zugelassen werden. Cullmann sieht in den neutestamentlichen und altkirchlichen Bekenntnissen die Zusammenfassung der verbindenden Grundwahrheiten (vgl. 42ff.) und votiert für eine wechselseitige Duldung unversöhnter Verschiedenheiten. Dabei greift er auf das Vorbild des Apostels Paulus zurück, der im Umgang mit glaubensschwachen Brüdern für eine Haltung liebevollen Respekts geworben hatte (vgl. 1Kor 8,4ff; 1Kor 10,23ff; Röm 14,1ff).

Cullmanns Buch *Einheit durch Vielfalt* beschreitet einen Mittelweg zwischen dem Einheitsmodell einer organischen Kirchenunion, in dem die Vielfalt der Konfessionen am Ende zum Verschwinden gebracht wird, und dem Modell einer Ökumene der Gegensätze, in der konfessionelle Traditionen fixiert werden. Das Modell einer Gemeinschaft von Kirchen, die eigenständige Kirchen bleiben, kann auf die Formel von der „Einheit in versöhnter Verschiedenheit“ gebracht werden. Die Stärke dieses Entwurfs liegt darin, dass er die konfessionellen Eigentümlichkeiten unter Rückgriff auf die paulinische Charismenlehre sensibel charakterisiert und von einer Hermeneutik der Anerkennung geleitet ist, die einen tiefen Respekt vor der besonderen Würde der jeweiligen „Schwesterkirchen" erkennen lässt. Allerdings bleibt die Rückfrage, ob die konfessionellen Differenzen – die unversöhnten Verschiedenheiten – nicht am Ende theologisch verharmlost werden. So heißt es an einer Stelle: „Die Konfessionen sind *der normale Ausdruck* der christlichen Vielfalt" (212). Auf der Ebene phänomenologischer Beschreibung mag diese Aussage zutreffen, auf der theologischen Ebene hingegen ist sie problematisch. Jedenfalls drängt sich der Verdacht einer subtilen „Entübelung des Übels" auf, wenn die Unterschiede zwischen der katholischen, orthodoxen und protestantischen Tradition unter Rekurs auf die paulinische Charismenlehre theologisch legitimiert werden. Ist die Übertragung des Gleichnisses vom einen Leib und den vielen Gliedern auf die Realität der Konfessionskirchen aber zulässig?[9] Sicher lassen sich exegetische Gründe dafür anführen, das Gleichnis, das sich in 1Kor 12 auf die Gemeinde und ihre individuellen Mitglieder bezieht, auf die Gemeinschaft der Ortskirchen auszudehnen (vgl. 28; 153ff.), aber die Aufspaltung der einen Christenheit in unterschiedliche Konfessionen dürfte – wie Cullmann selbst einräumt – eher als Werk menschlicher Sünde denn als Werk des Geistes qualifiziert werden. Der Versuch, die Heilsgeschichte als einen „Ort der Entfaltung der Einheit in der Vielfalt" zu deuten, kommt einer Geschichtssicht nahe, die Negativität und Unheil als Momente einer Fortschrittsgeschichte begreift. Allerdings ließe sich das Wort, dass Gott auf krummen Zeilen gerade zu schreiben vermag, geschichtstheologisch anwenden, wenn man den dramatischen Charakter der Spaltung als solchen anerkennt, aber einen therapeutischen Umgang damit anvisieret, wie dies Joseph Ratzinger in gewisser Nähe zu Cullmann vorgeschlagen hat: „Gewiss, Spaltung ist von Übel, vor allem dann, wenn sie zu Feindschaft und zur Verarmung des christlichen Zeugnisses führt. Wenn aber der Spaltung langsam das Gift der Feindseligkeit entzogen wird und wenn im gegenseitigen Sich-Annehmen aus der Verschiedenheit nicht mehr bloß Verarmung, sondern neuer Reichtum des Hörens und Verstehens kommt, dann kann sie auf dem Übergang zur felix culpa sein, auch schon bevor sie ganz geheilt wird."[10] In diesem Sinn kann Cullmanns Vorschlag einer wechselseitigen Ergänzung und Reinigung der Charismen als Anstoß der ökumenischen Verständigung aufgenommen werden. Auch provoziert seine Warnung vor einer Entstellung des Charismas der katholischen Kirche die Frage, wie die Lehre, dass die eine Kirche Jesu Christi allein in der römisch-katholischen Kirche subsistiert, vertreten werden kann, ohne dass sie als Anmaßung empfunden wird. Schon Paul VI., dem Cullmann sein Konzept mündlich vortragen konnte, hat 1965 mit einem wachem Gespür für das Problem gegenüber den ‚getrennten Brüdern' herausgestellt, das Selbstverständnis der katholischen Kirche sei „kein apriorischer Dogmatismus, kein geistlicher Imperialismus und kein formaler Juridismus, sondern ganzer Gehorsam gegen die ganze Wahrheit, die uns von Christus zukommt."[11] Bevor nun danach gefragt werden kann, ob und wie die Anliegen Cullmanns im Rahmen der römisch-katholischen Ekklesiologie aufgenommen werden können, möchte ich an eine Reihe von römischen Stellungnahmen erinnern, in denen das offizielle Selbstverständnis der katholischen Kirche lehramtlich zum Ausdruck kommt.

2. Rückfall in einen Exklusivismus? Postkonziliare Noten zur Ekklesiologie und kognitive Dissonanzen zwischen kirchlichem Lehramt und theologischer Reflexionskultur

Was Cullmann als Entstellung des katholischen Charismas der Universalität ablehnt, das ist in der vorkonziliaren Ekklesiologie ausdrücklich vertreten worden. In den von Pius XII. veröffentlichten Enzykliken *Mystici corporis* (1943) und *Humani generis* (1950) ist ein exklusivistisches Kirchenverständnis gelehrt worden, das noch Eingang in das Schema der Vorbereitungskommission *De ecclesia Christi* gefunden hat. Dort wird die exklusive Einheit zwischen der einen Kirche Jesu Christi und der katholischen Kirche durch ein ‚est' zum Ausdruck gebracht. Dies wirkt sich in den Ausführungen zum Ökumenismus dahingehend aus, dass die getrennten Christen zur Rückkehr in den Schoß der römisch-katholischen Kirche eingeladen werden. Man sieht hier, wie eine exklusivistische Ekklesiologie mit dem Modell der Rückkehrökumene zusammengeht.[12] Die Kirchenkonstitution des II. Vatikanischen Konzils hat – zumindest nach Auffassung der allermeisten Interpreten[13] – die exklusive Identifikation der katholischen Kirche mit der *Una Sancta* aufgebrochen und dadurch den Weg gebahnt, andere Kirchen und kirchliche Gemeinschaften in ihrer ekklesialen Würde anzuerkennen. *Lumen gentium* (Nr. 8) spricht davon, die eine Kirche Jesu Christi finde in der katholischen ihre konkrete Existenzform (‚subsistit in'), dies schließe „vielfältige Elemente der Heiligung und der Wahrheit außerhalb ihres Gefüges" nicht aus. Die seitdem viel erörterte Frage, ob es neben der katholischen Kirche auch andere Verwirklichungen der *Una Sancta* gibt, ist von manchen katholischen Theologen nach dem Konzil positiv beantwortet worden, obwohl eine ganze Serie lehramtlicher Dokumente ausdrücklich gegen eine solche Lesart Stellung bezogen hat.

So sah sich die Glaubenskongregation bereits 1973 veranlasst, das Dokument *Mysterium ecclesiae* zu veröffentlichen, in dem sich einleitend ein Passus zur Einzigkeit der Kirche findet.[14] Dieser Passus dürfte auf Hans Küngs Buch *Die Kirche* (1967) Bezug nehmen, worin die Auffassung vertreten wird, das II. Vatikanum habe eine „ausdrückliche Revision"[15] des kirchlichen Selbstverständnisses vollzogen, als es die Kirchlichkeit anderer Kirchen und kirchlicher Gemeinschaften anerkannte. Das römische Dokument erinnert demgegenüber an die Konzilsaussage von der Subsistenz der einen Kirche Jesu Christi in der katholischen Kirche wenn es LG 8 zitiert und klarstellt: Die Katholiken „müssen [...] bekennen, dass sie durch das Geschenk der göttlichen Barmherzigkeit zu jener Kirche gehören, die Christus gegründet hat und die von den Nachfolgern des Petrus und der übrigen Apostel geleitet wird, bei denen die ursprüngliche Einrichtung und Lehre der apostolischen Gemeinschaft, das beständige Erbe an Wahrheit und Heiligkeit ebendieser Kirche *unversehrt und lebendig* fortdauert *(perstat)*" (DH 4530). Auch wenn man die Aussage über die Kirchengründung durch Christus wohl differenzierter hätte zum Ausdruck bringen können, so stellt das Dokument doch unzweideutig heraus, dass es mit der katholischen Kirche ein geschichtlich identifizierbares Subjekt der einen Kirche Jesu Christi gibt, das sich trotz der Spaltungen kontinuierlich durchhält. Die Einheit der Kirche ist nicht in Fragmente zerbrochen, sie ist gegenwärtig weder unauffindbar noch muss sie erst in Zukunft gefunden werden, sie ist da. Joseph Ratzinger, von 1966–1969 Tübinger Kollege von Hans Küng, hat dies in einem Kommentar zu *Mysterium ecclesiae* deutlich gemacht: „Die sichtbare Kirche ist selbst auch die geistliche Kirche, die Kirche Jesu Christi. Und noch stärker: Diese eine und einzige Kirche, die geistlich und irdisch zugleich ist, ist so konkret, dass man sie mit Namen kennen kann: sie ‚ist verwirklicht in der katholischen Kirche, die vom Nachfolger Petri und von den Bischöfen in Gemeinschaft mit ihm geleitet wird'. Keine deutsche Übersetzung kann die sublime Nuance des lateinischen Textes voll auffangen, in dem die bedingungslose Gleichung der ersten konziliaren Entwürfe, das volle Gleichheitszeichen zwischen Kirche Jesu Christi und römisch-katholischer Kirche, differenziert wurde: *nichts von der Konkretheit des Kirchenbegriffs wird weggenommen* – die Kirche ist da, wo die Nachfolger des Apostels Petrus und der übrigen Apostel die Kontinuität mit dem Ursprung sichtbar verkörpern; *aber diese volle Konkretheit der Kirche heißt doch nicht, dass alles andere dann nur Nichtkirche sein kann.*"[16] Es sind mithin zwei Aspekte der konziliaren Bestimmung hervorzuheben: einerseits, dass die Konkretion des Kirchenbegriffs durch das ‚subsistit in' nicht zurückgekommen oder revidiert wird. Andererseits – und darin besteht die Differenzierung gegenüber den ersten konziliaren Entwürfen –, dass außerhalb der katholischen Kirche nicht einfach kirchliches Vakuum ist. Diese Anerkennung schließt aber ein, dass die totale Deckungsgleichheit, die im ‚est' zum Ausdruck gebracht wurde, durch das ‚subsistit in' vorsichtig geöffnet wird, denn ohne eine semantische Öffnung wäre die Rede von ekklesialer Dignität außerhalb der katholischen Kirche nicht möglich.

Über diese Deutung des ‚subsistit in' ist der Befreiungstheologe Leonardo Boff in seinem Buch *Kirche. Charisma und Macht* entschieden hinausgegangen. Dort analysiert er unter anderem die „Pathologien" des Katholizismus und erwägt die Möglichkeit, dass die eine Kirche Jesu Christi auch in nichtkatholischen Kirchen subsistieren könne. Sein *Versuch einer streitbaren Ekklesiologie* bezweifelt, dass die römisch-katholische Kirche mit ihren auf Autorität und Gehorsam basierenden Leitungsstrukturen tatsächlich die einzige Verwirklichungsform der einen Kirche Jesu Christi sei. Der einschlägige Satz, in dem – in dialektischer Manier – von der Möglichkeit einer pluralen Subsistenz der einen Kirche Jesu Christi die Rede ist, lautet: „So ist die katholische, apostolische, römische Kirche einerseits die Kirche Christi, weil sie in der real existierenden Vermittlung in der Welt sichtbar wird. Und sie ist es nicht, weil sie nicht den Anspruch erheben darf, sie allein sei mit der Kirche Christi identisch, da diese auch in anderen Kirchen subsistieren kann."[17] Diese Aussage, die einen Deutungsspielraum in Richtung mehrfacher Subsistenz offenhält, hat die Glaubenskongregation 1985 zu einer klarstellenden Note veranlasst, in welcher der Ausdruck ‚subsistit in' allein für die katholische Kirche reklamiert wird.

Hier darf daran erinnert werden, dass der Subsistenzbegriff in der theologischen Tradition zwei prominente Applikationsfelder hat: (1) Im *Kontext der Trinitätstheologie* wird der Terminus herangezogen, um die Differenz zwischen den drei göttlichen Personen zu bezeichnen. Der eine Gott subsistiert in den Personen von Vater, Sohn und Geist. Karl Rahner hat bekanntlich die Rede von den drei Personen ersetzt durch die Rede von drei „distinkten Subsistenzweisen"[18] in Gott. Im Kontext der Trinitätstheologie ist die Beanspruchung einer *mehrfachen* Subsistenz also nicht nur zulässig, sondern geradezu geboten, um die Vielfalt in der Einheit des Gottesbegriffs auszusagen. (2) Anders verhält es sich im *Kontext der Christologie*, wo der Subsistenzbegriff herangezogen wird, um die *einmalige* Verbindung der göttlichen und menschlichen Natur zu bestimmen. Der Mensch Jesus ist nicht einfach mit dem ewigen Logos identisch, aber indem der ewige Logos im Menschen Jesus subsistiert, konstituiert er die Person des Menschgewordenen. Da das Christentum den Gedanken einer mehrfachen Menschwerdung Gottes ausschließt, ist dem Subsistenzbegriff in christologischem Zusammenhang ein *Multiplikationsverbot* eingeschrieben.

Eine pluralistische *Ekklesiologie* kann sich daher, wenn sie den Subsistenzgedanken aufgreift, zwar auf die trinitätstheologische, nicht aber auf die christologische Analogie stützen. Der einschlägige Passus zum ‚subsistit in' bemüht denn auch ausdrücklich einen christologischen Zusammenhang, wenn er die Kirche „in einer nicht unbedeutenden Analogie mit dem Mysterium des fleischgewordenen Wortes" vergleicht (LG 8). An diesen dezidiert christologischen Argumentationskontext wird in der Notifikation gegen Boff implizit erinnert, wenn es heißt: „Das Konzil hat das Wort ‚subsistit' gerade deshalb gewählt, um klarzustellen, dass nur *eine einzige ‚Subsistenz'* der wahren Kirche besteht, während es außerhalb ihres sichtbaren Gefüges lediglich ‚Elemente des Kircheseins' gibt, die – da sie Elemente derselben Kirche sind – zur katholischen Kirchen tendieren und hinführen (Lumen gentium, Nr. 8)."[19] Dabei ist zuzugestehen, dass sich in der Kirchenkonstitution *Lumen gentium* durchaus Aussagen zum Verhältnis zwischen Trinität und Kirche finden – die gesamte Kirche wird „als das von der Einheit des Vaters, des Sohnes und des Heiligen Geistes her geeinte Volk" beschrieben (LG 4; vgl. auch UR 2). Dieser Hinweis auf das trinitarische Urbild von Kirche macht deutlich, dass eine Vielfalt in der Einheit möglich ist, „aber es ist in der Sache allen Thesen widersprochen, welche unter fälschlicher Berufung auf das Neue Testament nicht nur eine legitime Vielfalt, sondern eine Vielheit von Konfessionskirchen begründen wollen"[20].

Trotz der Erklärung *Mysterium ecclesiae* von 1973 und der Notifikation von 1985 hat sich das offizielle Selbstverständnis der katholischen Kirche in der akademischen Theologie nicht vorbehaltlos durchsetzen können. Immer wieder haben in der nachkonziliaren Diskussion auch katholische Theologen die These vertreten, das II. Vatikanum habe eine ökumenische Öffnung eingeleitet, deren Dynamik es gestatte, über den Wortlaut der Texte hinauszugehen und von mehreren Verwirklichungen der einen Kirche Jesu Christi zu sprechen.[21] Diese partielle Rezeptionsverweigerung der offiziellen Selbstdefinition, die gewisse Spannungen zwischen kirchlichem Lehramt und theologischer Reflexionskultur anzeigen, dürfte der Anlass für weitere lehramtliche Stellungnahmen gewesen sein. Die Ökumene-Enzyklika *Ut unum sint* (1995, Nr. 10) von Johannes Paul II. erinnert an das katholische Kirchenverständnis, ohne jedoch eigens die exklusive Interpretation des ‚subsistit in' hervorzuheben. Die Frage, ob die eine Kirche nicht doch in viele Fragmente zerbrochen sei, wurde weiter erörtert; zugleich verblasste mit der allgemeinen Kirchenkrise in den westlichen Gesellschaften das Bewusstsein der Gläubigen, dass in der katholischen Kirche die *Una sancta* des Bekenntnisses sichtbar verwirklicht sei.[22]

So hat die im Jubiläumsjahr 2000 von der Glaubenskongregation veröffentlichte Erklärung *Dominus Iesus* erneut an den Zusammenhang von Christologie und Ekklesiologie erinnert. Die Einzigkeit und Heilsuniversalität Jesu Christi, die gegenüber der pluralistischen Religionstheologie eingeschärft wird, werden entsprechend auf die Kirche übertragen. Wie das Absolute nicht unerkennbar bleibt, sondern sich in Jesus Christus geschichtlich ein für allemal inkarniert hat, so ist auch die eine Kirche Jesu Christi nicht unerkennbar, sondern findet ihren geschichtlich identifizierbaren Träger in der römisch-katholischen Kirche. Um den Zusammenhang zwischen Christus und der Kirche zu verdeutlichen, nähert sich *Dominus Iesus* einer Vorstellung, welche die Kirche als den *Christus prolongatus* versteht: „[…] Jesus Christus setzt seine Gegenwart und sein Heilswerk in der Kirche und durch die Kirche fort" (DI 16). Die theologische Idee von der Kirche als der Verlängerung des fleischgewordenen Wortes, die von Johann Adam Möhler entwickelt wurde, ist vom II. Vatikanum allerdings bewusst vermieden worden, weil sie Christus und die Kirche zu nahe aneinanderrückt. Daher präzisiert DI, Christus und die Kirche dürften „nicht miteinander verwechselt, aber auch nicht voneinander getrennt werden“ (ebd.). Tendenzen, welche das „JA zur ursprünglichen authentischen Botschaft Christi“ mit einem „NEIN zu ihrer Verwandlung in jenen Lehrkörper, der die gesellschaftliche Institution Kirche legitimiert“[23], werden somit abgewiesen. Der Bauplan der katholischen Kirche, ihre sakramentale Struktur, ihre hierarchische Verfassung – das alles ist mehr als eine soziologisch veränderbare Wirklichkeit. Die Kirche ist Heilssakrament, sichtbare Verfassung und unsichtbare Gnadenwirklichkeit gehören zusammen. Konkret versteht sich die katholische Kirche als Gemeinschaft von *bischöflich* verfassten Ortskirchen, die in der *apostolischen* Sukzession stehen und mit dem Papst als dem Nachfolger Petri verbunden sind. So betont auch DI, „dass es eine geschichtliche, in der apostolischen Sukzession verwurzelte Kontinuität zwischen der von Christus gestifteten und der katholischen Kirche gibt“ (DI 16). Diese Einheit zwischen der Kirche Jesu Christi und der katholischen Kirche wird durch das ‚subsistit in‘ (LG 8) verdeutlicht; der Doppelaspekt dieser Formel kommt wiederum zur Sprache, wenn einerseits gesagt wird, „dass die Kirche Christi trotz der Spaltungen der Christen voll nur [sic] in der katholischen Kirche weiterbesteht, und auf der anderen Seite, dass außerhalb ihres Gefüges vielfältige Elemente der Heiligung und der Wahrheit zu finden sind“ (DI 16). Ausdrücklich werden in einer präzisierenden Fußnote Positionen abgelehnt, die eine mehrfache Subsistenz der *ecclesia Christi* vertreten: „Der authentischen Bedeutung des Konzilstextes widerspricht […] die Interpretation jener, die von der Formel ‚subsistit‘ die Meinung ableiten, dass die einzige Kirche Christi auch in anderen christlichen Kirchen verwirklicht sein könnte. ‚Das Konzil hatte das Wort ‚subsistit' gerade deshalb gewählt, um klarzustellen, dass nur eine einzige ‚Subsistenz' der wahren Kirche besteht'" (DI 16, Anm. 56 mit Verweis auf die Notifikation gegen Boff). Dieser lehramtliche Kommentar zu *Lumen Gentium* 8 ist von nicht wenigen Theologen als restriktiv kritisiert worden, er enge den Deutungsspielraum ein, den das Konzil offen gelassen habe.[24]

Das Verhältnis der katholischen Kirche zu den anderen Kirchen und kirchlichen Gemeinschaften wird in DI 17 weiter bestimmt. Die *orthodoxen* Kirchen, die in der apostolischen Sukzession stehen und das volle Verständnis der Eucharistie bewahrt haben, werden als „echte Teilkirchen" oder „Schwesterkirchen" bezeichnet, obwohl ihnen die volle Gemeinschaft mit der katholischen Kirche fehlt (DI 17; Responsa 4); in ihnen sei die Kirche Christi wirksam und gegenwärtig – unbeschadet der Tatsache, dass sie sich als autokephale Kirchen verstehen, die den römischen Primat nicht anerkennen. Nach der Communio-Ekklesiologie, wie sie für die Orthodoxie kennzeichnend ist, gibt es ein Netz bischöflich verfasster Ortskirchen, die – jede für sich – die *Una Sancta* voll verwirklichen.[25] Von den kirchlichen Gemeinschaften, die aus der Reformation des 16. Jahrhunderts hervorgegangen sind, wird demgegenüber gesagt, sie hätten den gültigen Episkopat und die vollständige Wirklichkeit der Eucharistie nicht bewahrt und seien daher „nicht Kirchen im eigentlichen Sinn" (DI 17; Responsa 5). Die Freude darüber, dass mit der Unterzeichnung der „Gemeinsamen Erklärung zur Rechtfertigungslehre" in Augsburg 1999 eine kirchenoffizielle Annäherung zwischen Lutherischem Weltbund und der römisch-katholischen Kirche erreicht wurde, die als „Meilenstein", ja als „größter Erfolg der Konsensökumene" gewürdigt wurde, wich herber Enttäuschung. Die abgrenzende Sprache ist – auch von bischöflicher Seite[26] – als ökumenisch belastend kritisiert worden. Zwar hatte auch das II. Vatikanum zwischen den Kirchen des Ostens als „Schwesterkirchen“ (vgl. UR 14) einerseits und den Reformationskirchen andererseits als „Kirchen und kirchlichen Gemeinschaften“ unterschieden, aber zugleich offen gelassen, in welchem Verwandtschaftsverhältnis diese aus der Reformation hervorgegangen „Kirchen und kirchlichen Gemeinschaften“ zur römisch-katholischen Kirche stehen.[27] Auch wenn die Kirchen der Reformation nicht im gleichen Sinn Kirchen sind (und sein wollen) wie die katholische Kirche, so scheinen sie nun – um im Metaphernfeld zu bleiben – nicht einmal mehr „Stiefschwestern“ (Eberhard Jüngel) zu sein.

Die *Responsa* der Glaubenskongregation von 2007 widerholen im Wesentlichen diese Lehre. Zunächst wird unter Rückgriff auf einschlägige Aussagen der Konzilspäpste Johannes XXIII. und Paul VI. deutlich gemacht, die Lehre über die Kirche sei nicht verändert, sondern vielmehr entfaltet, vertieft und ausführlicher dargelegt worden. Die Rede von einem „Paradigmenwechsel“, einer „kopernikanischen Wende“, einer „Zäsur“, die sich in theologischen Interpretationen des II. Vatikanischen Konzils immer wieder findet, entspricht demnach nicht der offiziellen Selbstbeschreibung der katholischen Kirche, die von einer kontinuierlichen, ungebrochen sich entfaltenden Lehrkontinuität ausgeht. Eine Konzilshermeneutik, die den Wortlaut der Texte hinter sich lässt und die offene Dynamik des konziliaren Ereignisses prospektiv nach vorn hin liest, wird damit als unsachgemäß abgewiesen, der hermeneutische Blick für semantische Brüche und Spannungen in den Dokumenten allerdings wohl auch eingeebnet. Auf der Linie der postkonziliaren Klarstellungen erinnern die *Responsa* des weiteren daran, dass das ‚subsistit in‘ „nur der katholischen Kirche allein zugeschrieben“ werden kann. Die Ersetzung des ‚est‘ impliziere keine Relativierung des Kirchenverständnisses, der Ausdruck ‚subsistit in' sei lediglich gewählt worden, um die kirchlichen Elemente der Heiligung und Wahrheit in den nichtkatholischen Kirchen und kirchlichen Gemeinschaften besser zum Ausdruck zu bringen. Die Verhältnisbestimmungen zu den Kirchen des Ostens und zu den aus der Reformation hervorgegangenen Konfessionskirchen werden im bereits skizzierten Sinn verdeutlicht.

Nur *en passent* sei vermerkt, dass Benedikt XVI. in seiner Ansprache vor der Glaubenskongregation am 31. Januar 2008 die *Responsa* noch einmal eigens gewürdigt hat, ohne ausdrücklich auf die Stimmen der Kritiker einzugehen. Das Dokument habe bekräftigt, dass die „eine und einzige Kirche Christi ihre *Subsistenz, Permanenz und Stabilität* in der katholischen Kirche hat und dass daher die Einheit, Unteilbarkeit und Unzerstörbarkeit der Kirche Christi durch die Trennungen und Spaltungen der Christen nicht zunichte gemacht werden"; zugleich habe es den „korrekten Sprachgebrauch gewisser ekklesiologischer Ausdrücke" lehrmäßig klargestellt und zu diesem Zweck auf den Unterschied hingewiesen, der „bezüglich des Verständnisses des Kircheseins *im eigentlich theologischen Sinn* zwischen den verschiedenen christlichen Konfessionen weiterhin bestehen bleibt". Wie ein versteckter pontifikaler Kommentar zur Kritik, die das Papier in Teilen der akademischen Theologie gefunden hat, liest sich die Fortsetzung, die Markierung der Unterschiede solle „keine Behinderung des echten ökumenischen Engagements, sondern vielmehr ein Ansporn dafür sein, dass die Auseinandersetzung über die Lehrfragen immer mit Realismus und im vollen Bewusstsein der Aspekte stattfindet, die die christlichen Konfessionen noch trennen". Die Würdigung des Dokuments schließt mit einer Absage an eine pluralistische Ekklesiologie: „Eine theologische Sichtweise zu pflegen, die die Einheit und Identität der Kirche als ihre ‚in Christus verborgenen' Gaben betrachtet – mit der *Folge, dass die Kirche geschichtlich de facto in vielfältigen kirchlichen Ausprägungen existieren* würde, die sich nur in eschatologischer Hinsicht versöhnen lassen –, könnte nur eine Verlangsamung und letzten Endes Lähmung des Ökumenismus selbst hervorrufen."[28]

Überblickt man diese Chronologie von lehramtlichen Stellungnahmen zum offiziellen Selbstverständnis der katholischen Kirche seit dem Konzil, kann man nicht umhin, eine erstaunliche Lehrkontinuität festzustellen. Immer wieder wird die Einzigkeit der katholischen Kirche gegenüber Relativierungen herausgestellt und die verbleibende Differenz zum orthodoxen und reformatorischen Kirchenverständnis markiert. Immer wieder werden dieselben Texte in Erinnerung gerufen, so dass Kritiker von einer „römischen Selbstrepetition"[29] gesprochen haben. Zugleich gibt es aber auch eine erstaunliche Kontinuität der Kritik in Teilen der akademischen Theologie, so dass man anhaltende kognitive Dissonanzen zwischen kirchlichem Lehramt und theologischer Reflexionskultur konstatieren muss. Die römischen Noten finden nicht ungeteilt Zustimmung. Neben einer restriktiven Konzilsinterpretation wird vor allem das Ausbleiben einer amtlichen Rezeption der ökumenischen Dialogergebnisse bemängelt. Der Sorge des Lehramts, dass die Semantik des katholischen Kirchenverständnisses in den ökumenischen Debatten aufgeweicht wird, steht die Sorge nicht weniger Theologen gegenüber, dass der abgrenzende Duktus der jüngsten römischen Dokumente das ökumenische Gespräch gefährdet und einen Rückfall in die *splendid isolation* einleitet, welche das II. Vatikanische Konzil gerade überwinden wollte. Vor diesem Hintergrund stellt sich die Aufgabe, das lehramtlich in Erinnerung gerufene Selbstverständnis der katholischen Kirche vor dem Verdacht eines steilen Exklusivismus zu schützen und es mit dem

Gedanken des wechselseitigen ökumenischen Austauschs zu verbinden. Dazu sind nun ebenfalls einige Aussagen in Erinnerung zu rufen, die den ökumenischen Perspektivenwechsel des Konzils deutlich bekunden.

3. Jenseits von Pluralismus und Exklusivismus: Das Selbstverständnis der katholischen Kirche und die Ökumene des Austauschs

Die knappen, auf Klarstellung faktischer oder potentieller Fehldeutungen bedachten lehramtlichen Dokumente rufen Spitzenaussagen des II. Vatikanums in Erinnerung, die in den Konzilsdokumenten in größere Zusammenhänge eingebettet sind. Die unverrückbare Überzeugung, dass die Kirche Jesu Christi in der katholischen Kirche ihren geschichtlich identifizierbaren, sich konkret durchhaltenden Träger hat, wird dort mit anderen Aussagen verbunden, die eine defizitäre Verwirklichung kirchlichen Lebens in der Geschichte, ja eine Mitschuld an der Kirchenspaltung eingestehen. Die Ablehnung einer pluralistischen Ekklesiologie, für die es mehrere, prinzipiell gleichwertige Realisationsformen von Kirche gibt, scheint auf den ersten Blick in eine *exklusivistische Ekklesiologie* zurückzufallen. In Analogie zum Klassifikationsraster, das sich in der Debatte um die Pluralistische Religionstheologie eingebürgert hat, möchte ich unter den Begriff ‚exklusivistische Ekklesiologie' jene Lehre fassen, die es kategorisch ausschließt, dass es außerhalb der einen wahren Kirche, mithin der römisch-katholischen, überhaupt Kirchlichkeit gibt. Eine solch restriktive Position wird aber weder durch das Konzil noch durch die postkonziliaren lehramtlichen Dokumente vertreten. Die Betonung, dass die eine Kirche Jesu Christi allein in der römisch-katholischen Kirche subsistiert, wird durchgängig mit der Anerkennung ekklesialer Elemente verbunden. Der Terminus der Elemente mag nicht glücklich sein, weil er eine quantitative Auflistung nahelegt, anstatt die kirchlichen Merkmale qualitativ auf Christus als zentrierende Mitte auszurichten und in eine theologisch einsichtige Rangfolge zu bringen. Immerhin macht er geltend, dass außerhalb der römisch-katholischen Kirche kein kirchliches Vakuum besteht. Daher dürfte es angemessener sein, die offizielle Selbstbeschreibung der katholischen Kirche als *ekklesiologischen Inklusivismus* zu bestimmen. Mit diesem Begriff wäre die Position gekennzeichnet, dass die eine Kirche Jesu Christi ihre einzige und unüberbietbare Verwirklichung in der römisch-katholischen Kirche findet, ohne in Abrede zu stellen, dass auch den nichtkatholischen Konfessionen ekklesiale Würde zukommt. Unter Rückgriff auf bestimmte Konzilsaussagen (vgl. LG 15; UR 3) wäre das Verhältnis zu den nichtkatholischen Kirchen und kirchlichen Gemeinschaften dann näher als Partizipationsverhältnis zu beschreiben, wobei der Mittelpunkt der in konzentrischen Kreisen gezeichneten Kirchenzugehörigkeit Jesus Christus ist.[30]

Auch einen ekklesiologischen Inklusivismus trifft indes der Verdacht der Anmaßung, insofern die Singularität des Eigenen scheinbar auf Kosten der anderen profiliert wird, nämlich dann, wenn den nichtkatholischen Kirchen und kirchlichen Gemeinschaften ein defizitärer ekklesiologischer Status zugeschrieben wird. Um diesem Verdacht zu begegnen, ist es unerlässlich, zwischen der sakramental-institutionellen Dimension von Kirche und der existentiellen Verwirklichung des gelebten Glaubens zu unterscheiden. Die Behauptung, dass die *Una Sancta* ihre einzige konkrete Verwirklichung in der römisch-katholischen Kirche findet, meint ja nicht, dass Kirche in ihr schon perfekt realisiert wäre. Sie bezieht sich vielmehr auf die sakramental-institutionelle Ebene, die kirchlichen Verfassungsmerkmale, nicht aber auf die Dimension des gelebten Glaubens. Um das Missverständnis einer triumphalistischen Attitüde in der amtlichen Selbstdefinition der katholischen Kirche abzuwehren, ist daher an den „ökumenischen Perspektivenwechsel“ des Konzils zu erinnern, der Cullmanns Vorschlag einer wechselseitigen Ergänzung konstruktiv aufzugreifen erlaubt.

Die katholische Kirche ist durch die Kirchenspaltungen selbst verwundet worden. Das Konzil, *Dominus Iesus* und indirekt auch die *Responsa* betonen, dass „die fehlende Einheit unter den Christen [...] eine *Wunde* für die Kirche“ ist, die sie an der vollen Verwirklichung ihrer Sendung in der Geschichte behindere (vgl. UR 4; DI 17, vgl. Responsa 4). In seiner Ökumene-Enzyklika *Ut unum sint* konnte Johannes Paul II. sogar davon sprechen, dass in den anderen Gemeinschaften „gewisse Aspekte des christlichen Geheimnisses bisweilen sogar wirkungsvoller zutage treten“ (UUS 14) als in der katholischen Kirche. Mit der Rede von der Wunde ist eine faktische Beeinträchtigung der Katholizität zugestanden. Es gibt Aspekte, die in anderen Kirchen besser verwirklicht werden. Darum ist Ökumene keine Einbahnstraße, sondern ein „Austausch der Gaben und Geschenke“ (LG 13; UUS 28). Hier lässt sich Cullmanns Vorschlag einer wechselseitigen Ergänzung der Charismen, die einer jeden Konfession historisch mitgegeben sind, konstruktiv aufnehmen. Der Versuch, „*durch* Verschiedenheit Einheit zu finden, das heißt: in den Spaltungen das Fruchtbare anzunehmen, sie zu entgiften und gerade von der Verschiedenheit Positives zu empfangen“, ist auch von J. Ratzinger gewürdigt und konkretisiert worden: „War es für die Kirche in Deutschland und darüber hinaus nicht in vieler Hinsicht gut, dass es neben ihr den Protestantismus mit seiner Liberalität und seiner Frömmigkeit, mit seinen Zerrissenheiten und mit seinem hohen geistigen Anspruch gegeben hat? [Und] umgekehrt – könnte man sich eigentlich eine nur protestantische Welt denken?“[31]

Die katholische Kirche ist eschatologisch vorläufig. Die Kirche ist „wanderndes Gottesvolk“, sie geht der Vollendung allererst entgegen. Man könnte hier von einem eschatologischen Vorbehalt im Blick auf die Kirche sprechen, da eine Identifizierung der faktisch bestehenden katholischen Kirche mit dem Reich Gottes ausgeschlossen wird (vgl. UR 2,6 sowie LG 48). Diese Differenz zwischen „schon“ und „noch nicht“ bricht jedem Triumphalismus die Spitze ab, der die katholische Kirche als Reich Gottes auf Erden hypostasieren zu können meint. „Kirche als pilgerndes Gottesvolk“ – so Johann Baptist Metz – „erinnert immer wieder an die eschatologische Vorläufigkeit der Kirche, die es ihr verwehrt, ihren eigenen Universalismus mit dem des Reiches Gottes einfach zu identifizieren und im Namen dieser Identifikation ihre Sendung mit einer mehr oder weniger sublimen Angleichungs- und Unterwerfungshermeneutik zu betreiben.“[32] Auch wenn das Eschaton mit Jesus Christus bereits in die Geschichte eingebrochen ist und in der Kirche durch den Hl. Geist bleibend präsent bleibt, so ist die katholische Kirche doch beständig reinigungs- und erneuerungsbedürftig (*ecclesia semper purificanda*). „Das Zweite Vatikanische Konzil selbst hat sich dazu durchgerungen, nicht mehr bloß von der heiligen, sondern von der sündigen Kirche zu sprechen; wenn man ihm dabei etwas vorwarf, so höchstens dies, dass es noch viel zu zaghaft darin geblieben ist, so stark steht der Eindruck der Sündigkeit der Kirche in unser aller Bewusstsein.“[33] Indem aber das Konzil wiederholt auf diese Schattenseiten hinweist (LG 8; 9; 40 u.ö.; UR 4; 6), nimmt es Abschied von einer „Ekklesiologie der Glorie“, welche die faktische Sünde in der Kirche übergeht, und schafft Raum für eine „Ekklesiologie des Kreuzes“[34], die in den Vergebungsbitten von Papst Johannes Paul II. im Jahr 2000 eine bemerkenswerte Fortschreibung gefunden hat.

Es gibt, was die Lehren der Kirche betrifft, eine Hierarchie der Wahrheiten. Dieser von Cullmann aufgenommene Gedanke, der auf ein Votum von Erzbischof Andreas Pangrazio zurückgeht, ist im Ökumenismusdekret folgendermaßen artikuliert worden: „Beim Vergleich der Lehren soll man nicht vergessen, dass es eine Rangordnung oder ‚Hierarchie' der Wahrheiten innerhalb der katholischen Kirche gibt, je nach der verschiedenen Art ihres Zusammenhangs mit dem Fundament des christlichen Glaubens" (UR 11). Auch wenn nicht gesagt ist, wie diese Rangfolge der Wahrheiten näher zu fassen ist, welche theologischen Lehren eher in das Zentrum, welche eher an die Peripherie gehören, so ist doch deutlich, dass das Konzil die Nähe zum Fundament der göttlichen Selbstmitteilung als das ausschlaggebende Kriterium für die inhaltliche Gewichtung einer Aussage ansetzt. Ausdrücklich wird in UR 12 in enger Anlehnung an die Basisformel des Ökumenischen Rats der Kirchen (Neu Delhi 1961) das trinitarische und christologische Dogma genannt. Die Lehre von der Hierarchie der Wahrheiten liefert ein Instrument, zunächst die Einheit im Wesentlichen zu konstatieren, um von dort her die verbleibenden Unterschiede anzugehen. Dabei ist die Frage zentral, inwieweit die verbleibenden Unterschiede, die vor allem Fragen der Ekklesiologie betreffen, (noch) kirchentrennenden Charakter haben. Das Konzil selbst hat die Lehre von der Hierarchie der Wahrheiten angewendet, als es eine *communicatio in sacris* mit den Ostkirchen für möglich erklärte, ohne diesen eine formelle Anerkennung der Papstdogmen abzuverlangen (vgl. UR 8).

Allerdings ist die Lehre von der Hierarchie der Wahrheiten kein Freibrief, Glaubensaussagen, welche die Ökumene erschweren, zur Disposition zu stellen oder dem freien Belieben zu überlassen. Die gesamte Lehre müsse klar vorgelegt werden, nichts sei „dem ökumenischen Geist so fern wie jener falscher Irenismus, durch den die Reinheit der katholischen Lehre Schaden leidet und ihr ursprünglicher und sicherer Sinn verdunkelt wird“ (UR 11). Vor diesem Hintergrund können die postkonziliaren Dokumente auch als unbequeme Erinnerung an das unaufgebbare Selbstverständnis der katholischen Kirche gelesen werden.

Die Vielfalt in der Einheit ist neu gewürdigt worden. Die zentralistische Ekklesiologie des I. Vatikanischen Konzils (1870) ist durch das II. Vatikanum wenn nicht korrigiert, so doch ergänzt worden durch eine Wiederaufnahme des patristischen Gedankens von der Kirche als einer Gemeinschaft von bischöflich verfassten Ortskirchen *(communio ecclesiarum)*. Die Primatsaussagen des I. Vatikanums wurden zwar ausdrücklich und in vollem Umfang bekräftigt, jedoch konnte durch die Lehre von der Kollegialität der Bischöfe einer allzu zentralistischen Sicht von Kirche gegengesteuert werden. Daher wird die Einheit nicht als starre Uniformität, sondern als Einheit in der Vielfalt bestimmt. Es kann und muss innerhalb der einen Kirche eine legitime Vielfalt der Riten, kanonischen Ordnungen, Theologien, Frömmigkeitsstile geben (LG 13; UR 4; 16f.). Die nähere Verhältnisbestimmung zwischen Universalkirche und Ortskirchen ist allerdings, wie der freundschaftliche Disput der Kardinäle gezeigt hat[35], umstritten.

Das Konzil hat die Selbstbeschreibung der katholischen Kirche im Horizont der anderen vorgenommen. Die Konzilsbeobachter waren nicht nur ein Ornament auf der Empore, sie haben allein durch ihre Präsenz, durch ihr Mitdenken und ihre Eingaben an das Einheitssekretariat den Prozess der konziliaren Selbstbestimmung der katholischen Kirche beeinflusst (vgl. UUS 17; 30). Das hat Auswirkungen auf den ekklesiologischen Denk- und Sprachstil gehabt. Das Eigene wurde weder im Sinne einer internen Selbstaffirmation noch im Sinne einer defensiven Positionsmarkierung gegenüber den anderen formuliert, sondern so, dass immer schon mit bedacht wurde, wie die Selbstbeschreibung wohl vom anderen aufgenommen würde. Das Eigene im Horizont des anderen zu bestimmen, ist eine Einladung an die anderen, ihrerseits ihre Selbstbestimmung dialogisch zu vollziehen, ohne freilich Differenzen – um der Wahrheit willen – zu verschweigen. Auch bei der Markierung unerlässlicher Unterschiede wie dem Multiplikationsverbot des ‚subsistit in' wäre eine die Perspektive der anderen einbeziehende Sprache sicher hilfreich gewesen, wie sie etwa in Walter Kaspers Vorschlag, von „Kirchen anderen Typs" zu sprechen, auf treffende Weise zum Ausdruck kommt. Eine solche Diktion hätte es erleichtert, in diesem anstößigen Punkt um mehr Akzeptanz für den katholischen Standpunkt zu werben, den auch Kasper kein Stück zurücknimmt.[36]

Die Einheit der katholischen Kirche realisiert sich in einem Plural von Ortskirchen, die bischöflich verfasst sind und in der apostolischen Sukzession stehen – *nicht* in einem Pluralismus von Konfessionskirchen. Die katholische Kirche wäre – zugespitzt formuliert – nicht mehr katholisch, würde sie sich von nun an nur noch als eine unter anderen Verwirklichungen der *Una Sancta* verstehen. Das schließt nicht aus, sondern ein, dass auch sie sich reformieren muss, um dem Attribut der Katholizität, das verfassungsmäßig in ihr schon realisiert ist, auch im ekklesialen Leben in einer postkonfessionalistischen Weise näher zu kommen. In diesem Sinne kann man vielleicht sagen, dass die *ecclesia romana* dort, wo sie gegenreformatorisch verengt ist, die *una sancta catholica et apostolica* wieder entdecken muss, um mehr und in neuer Weise katholisch zu werden. Bei dieser Selbsterneuerung, die der relativen Eigenständigkeit der Ortskirchen in der *communio ecclesiarum* entsprechenden

Spielraum zu gewähren hat, kann sie von den anderen Kirchen und kirchlichen Gemeinschaften lernen. Das Ziel aber „ist nicht die simple Rückkehr der anderen in den Schoß der katholischen Kirche; es kann nur durch die von Gottes Geist angetriebene Hinwendung und die Bekehrung aller zu dem einen Haupt der Kirche, Jesus Christus, erreicht werden. In dem Maße, in dem wir mit Christus eins sind, werden wir auch untereinander eins sein und die Kirche die ihr eigene Katholizität in ihrer ganzen Fülle konkret verwirklichen."[37]

Anmerkungen

[1] Dazu: Y. Congar, *Die Rolle der Beobachter in der Entwicklung der Ökumene*, in: K. Froehlich (Hg.), *Ökumene. Möglichkeiten und Grenzen heute* (FS O. Cullmann), Tübingen 1982, 50–62. Vgl. auch meinen Essay: *Der Einbruch der anderen. Vor vierzig Jahren ging das Zweite Vatikanische Konzil zu Ende*, in: Neue Zürcher Zeitung vom 8. Dezember 2005 (Nr. 287), S. 25.

[2] Die von Walter Kardinal Kasper favorisierte Rede von „Kirchen anderen Typs" im Blick auf die reformatorischen Kirchen und kirchlichen Gemeinschaften ist im Dokument der Glaubenskongregation nicht rezipiert worden. Vgl. Ders., *Situation und Zukunft der Ökumene*, in: ThQ 218 (2001) 175–191, hier 185.

[3] Gegenüber einem postmodernen Verständnis des Pluralismus als *anything goes*, das angemessener als Relativismus bezeichnet wird, basiert der hier beanspruchte Begriff des Pluralismus auf gemeinsam geteilten Basisannahmen. Vgl. zum Begriff W. Kerber – L. Lamson, Art. *Pluralismus*, in: *Historisches Wörterbuch der Philosophie* 6 (1984) 988–995.

[4] O. Cullmann, *Einheit durch Vielfalt. Grundlegung und Beitrag zur Diskussion über die Möglichkeiten ihrer Verwirklichung*, Tübingen, 2. erweiterte Auflage 1990 (im Folgenden Seitenzahlen in Klammern).

[5] Vgl. auch die Aussage im Schlusswort: „Die von mir in Aussicht genommene Gemeinschaft soll zwar nicht eine Superkirche sein, wohl aber das unerlässliche Band, das zum Ausdruck bringen soll, dass gerade in jeder Einzelkirche die *eine* Kirche als Leib Christi gegenwärtig ist." (219)

[6] Cullmann verzichtet darauf, in seiner Typologie auf die Differenzen zwischen der anglikanischen Gemeinschaft, der lutherischen und den reformierten Spielarten des Protestantismus sowie weiteren Denominationen wie Methodisten, Baptisten, Mennoniten, Adventisten, Disciples of Christ etc. näher einzugehen.

[7] Ebd., 37–39, wo Cullmann u.a. das Ökumenismusdekret *Unitatits Redintegratio* kritisiert, das bei aller ökumenischen Öffnung diesen Anspruch doch erneut bekräftigt habe. In neueren katholisch theologischen Stellungnahmen sieht er allerdings die Tendenz am Werk, diesen Anspruch zurückzunehmen, so bei H. Fries – K. Rahner, *Einigung der Kirchen – reale Möglichkeit*, Freiburg 1985, 60. Vgl. auch Cullmanns Ausführungen, 62f und 185f.

[8] „Was ich vorschlage, ist eine Gemeinschaft völlig eigenständiger Kirchen, die katholisch, protestantisch, orthodox *bleiben*, die ihre Geistesgaben behalten, aber nicht um sich abzuschließen, sondern um eine *Gemeinschaft* all derer zu bilden, die den Namen Jesu Christi tragen" (ebd., 59).

[9] Diese Rückfrage haben auch Hans Urs von Balthasar, Yves Congar und Heinrich Fries an Cullmanns Entwurf gestellt (vgl. *ebd.*, 154).

[10] J. Ratzinger, *Kirche. Ökumene und Politik*, Einsiedeln 1986, 131.

[11] Zitiert nach E. Stakemeier, *Theologische Leitmotive des Ökumenismus-Dekrets*, in: ThGl 55 (1965) 222–236, hier 230.

[12] Vgl. P. Hünermann, *Kommentar zu* Lumen gentium, in: HThK 2 (2004) 299 und 313f.

[13] Anders A. von Teuffenbach, *Die Bedeutung des subsistit in (LG 8). Zum Selbstverständnis der katholischen Kirche*, München 2002, die unter Rückgriff auf ausgiebiges Quellenmaterial den Nachweis zu führen sucht, dass das ‚subsistit in' nicht eine Relativierung, sondern eine Präzisierung des ‚est' darstellt. Ob ihre These, die sich im Wesentlichen auf eine Eingabe von P. Sebastian Tromp stützt, dem ökumenischen Perspektivenwechsel des Konzils gerecht zu werden vermag, muss hier dahin gestellt bleiben.

[14] Anlass für die Stellungnahme sind stark rezipierte Publikationen Hans Küngs, obwohl dessen Name nicht eigens erwähnt wird. Im zweiten Band seiner Erinnerungen kommentiert Küng die Vorgänge: „Auf der Pressekonferenz im Vatikan wird klar zum Ausdruck gebracht, sie [die Erklärung *Mysterium ecclesiae*] richte sich gegen Professor Küng in Tübingen [...] Die Abschnitte 1 und 6 beziehen sich denn auch auf mein Buch ‚Die Kirche', die Abschnitte 2 bis 5 auf ‚Unfehlbar? Eine Anfrage?'. Die Meldung von der römischen Intervention geht um die Welt." (*Umstrittene Wahrheit. Erinnerungen*, München–Zürich 2007, 354–358, hier 355)

[15] H. Küng, *Die Kirche*, Freiburg 1967, 337. Dort auch der Hinweis: „Die neue Formulierung wurde bewusst so vage wie möglich gehalten, um die weitere theologische Klärung, die in dieser schwierigen Frage unbedingt nötig ist, nicht zu behindern" (ebd.).

[16] J. Ratzinger, *Ökumenisches Dilemma? Zur Diskussion um die Erklärung „Mysterium ecclesiae"*, in: IKaZ Communio 3 (1974) 56–63, hier 57.

[17] L. Boff, *Charisma und Macht. Studien zu einer streitbaren Ekklesiologie*, Düsseldorf 1985, 140.

[18] K. Rahner, *Der dreifaltige Gott als transzendenter Urgrund der Heilsge-*

schichte, in: Mysterium Salutis, Bd. 2, Einsiedeln-Zürich-Köln 1967, 317–401, hier 389–393. Dazu B.J. Hilberath, *Der Personbegriff der Trinitätstheologie in Rückfrage von Karl Rahner zu Tertullians „Adversus Praxean“*, Innsbruck 1986, bes. 16–66 und 295–329.

19 W. Kasper, *Das Dekret über den Ökumenismus*, in: IKaZ Communio 34 (2005) 605–613, hier 608.

20 Kongregation für die Glaubenslehre, *Notifikation zu dem Buch „Kirche: Charisma und Macht. Versuch einer militanten Ekklesiologie“ von P. Leonardo Boff OFM* (VAS 67), Bonn 1985, 23. Erläuternd heißt es in einer Anmerkung: „Für das lateinische Wort ‚subsistit‘ fehlt ein Äquivalent im Deutschen. Es ist eine Verstärkungsform von ‚existieren‘ und bezeichnet selbständige, ganzheitliche Existenz. Das Konzil wollte damit ausdrücken, dass die wahre Kirche nicht unsichtbare Idee oder bloße ganzheitliche Erwartung ist, sondern in der institutionellen Gestalt der katholischen Kirche als solche da ist. Den andersartigen Charakter der Teilhabe der nichtkatholischen Kirchen und Gemeinschaften am Sein der Kirche hat es demgegenüber mit dem Begriff ‚Elemente des Kircheseins‘ umschrieben. Es wollte damit einerseits die Gegenwart des Ekklesialen auch außerhalb der katholischen Kirche erklären, ohne andererseits ihre Einheit und Sichtbarkeit preiszugeben. Zugleich wurden ‚Subsistenz‘ und ‚Elemente‘ in eine dynamische Beziehung des Zueinanderdrängens gebracht.“

21 Vgl. das Referat der Positionen bei P. Lüning, *Das ekklesiologische Problem des „Subsistit in“ (LG 8) im heutigen ökumenischen Gespräch*, in: Cath (M) 52 (1998) 1–23, bes. 11–13. Vgl. auch J. Werbick, *Kirche. Ein ekklesiologischer Entwurf für Studium und Praxis*, Freiburg 1995, 280: „Der endgültige Text [LG 8] sieht die römisch-katholische Kirche als authentische Verwirklichung der ‚einzigen Kirche Christi‘; aber er spricht den anderen christlichen Kirchentümern nicht ab, in gewisser Hinsicht ebenfalls legitime Verwirklichungen der im Bekenntnis genannten Kirche Christi zu sein.“

22 Vgl. Concilium 33 (1997), Nr 3: *Kirche in Fragmenten. Welche Art von Einheit?*

23 Vgl. S. Žižek, *Das fragile Absolute. Warum es sich lohnt, das christliche Erbe zu verteidigen*, Berlin 2000, 6.

24 Den Hintergrund dieses Kommentars hat J. Ratzinger in einem Vortrag *Über die Ekklesiologie der Konstitution „Lumen gentium“* (in: Die Tagespost, März 2000, 1–8) näher erläutert: „Das Wort ‚subsistit‘ stammt aus der in der Scholastik weiterentwickelten antiken Philosophie. Ihm entspricht das griechische Wort ‚hypostasis‘, das in der Christologie eine zentrale Rolle spielt, um die Einung von göttlicher und menschlicher Natur in der Person Christi zu bezeichnen. ‚Subsistere‘ ist ein Spezialfall von ‚esse‘. Es ist das Sein in der Form eines eigenständigen Subjekts […] Das Konzil will uns sagen, dass die Kirche Jesu Christi in der katholischen Kirche als konkretes Subjekt in dieser Welt anzutreffen ist.“ Und weiter: „Mit dem Wort ‚sub-

sistit‘ wollte das Konzil das Besondere und nicht Multiplizierbare der katholischen Kirche ausdrücken“ (7). Anders L. Boff, *Was wollte das Konzil? Eine historisch-theologische Studie zu Dominus Iesus*, in: Orientierung 64 (2000) 262–264; P. Hünermann, *Stellungnahme zur Erklärung der Glaubenskongregation „Dominus Iesus“*, in: M.J. Rainer (Red.), *Dominus Iesus. Anstößige Wahrheit oder anstößige Kirche*, Münster 2000, 54–58, hier 56.

[25] Vgl. nur das Ökumene-Dokument der Russisch Orthodoxen Kirche, das eine *exklusive Identität* mit der einen Kirche Jesu Christi vertritt: „Die Orthodoxe Kirche *ist* die wahre Kirche Christi, geschaffen von unserem Herrn und Heiland selbst […]“. Zitiert nach HK 54 (11/2000) 591f.

[26] Vgl. K. Lehmann: „Ich hätte mir doch – bei aller Zustimmung im Grundsätzlichen – etwas mehr von jener Sensibilität gewünscht, die ein besonders kostbares Erbe des Konzils ist und die ich sonst mit Blick auf die Ökumene gewöhnt bin.“ In: Rainer (Red.), *Dominus Iesus. Anstößige Wahrheit oder anstößige Kirche*, 48.

[27] Vgl. zu LG 8 A. Grillmeier, in: LThK E I (^{2}1966) 174, Anm. 20; ebenso L. Jäger, *Das Konzilsdekret „Über den Ökumenismus“*, Paderborn ^{2}1968, 150. In *Dominus Iesus* 16 wird die Wendung „Kirchen und kirchliche Gemeinschaften“ auf „kirchliche Gemeinschaften“ verkürzt. Dabei ist auch in der Ökumene-Enzyklika *Ut unum sint* von „aus der Reformation hervorgegangenen Kirchen und Gemeinschaften“ die Rede (Nr. 65).

[28] Benedikt XVI., *Die Wahrheit verkünden und authentisch lehren. Ansprache anlässlich der Vollversammlung der Kongregation für die Glaubenslehre am 31. Januar 2008*, in: Osservatore Romano (D) vom 15. Februar 2008 (Nr. 7), S. 8.

[29] E. Jüngel, *„Kirche im eigentlichen Sinn“. Wie soll der Protestantismus auf die Anmaßung aus Rom reagieren?*, in: Neue Zürcher Zeitung vom 17. Juli 2007.

[30] So zu Recht B. J. Hilberath, *Kommentar zu* Unitatis redintegratio, in: *Herders Theologischer Kommentar*, Bd. 3, Freiburg 2005, 136.

[31] J. Ratzinger, *Kirche, Ökumene und Politik*, 131f.

[32] J. B. Metz, *Das Konzil – „der Anfang eines Anfangs“?*, in: K. Richter (Hg.), *Das Konzil war erst der Anfang. Das II. Vatikanum für Theologie und Kirche*, Mainz 1991, 11–24; 18.

[33] So J. Ratzinger, *Einführung in das Christentum*, München 1968, 282, der hier die Unterscheidung zwischen den sündigen Gliedern der Kirche und der wesensmäßigen Heiligkeit der Kirche unterläuft. Bei Papst Johannes Paul II. findet sich im Blick auf den ökumenischen „Dialog als Gewissensprüfung“ der bemerkenswerte Hinweis: „Nicht allein die *persönlichen Sünden* müssen vergeben und überwunden werden, sondern auch jene sozialen, das heißt eigentlichen ‚*Strukturen*‘ *der Sünde*, die zur Spaltung und ihrer Verfestigung beigetragen haben und beitragen können.“ (UUS 34)

[34] Vgl. das Votum des Bischofs von Eisenstadt, Stefan László: *Die Sünde in der heiligen Kirche Gottes*, in: Y. Congar u.a. (Hg.), *Konzilsreden*, Einsiedeln 1964, 35–38.

[35] Vgl. dazu den Beitrag von Karl-Heinz Menke in diesem Band.

[36] Vgl. seine Aussage: „Das ‚subsistit in' wäre missverstanden, wenn man es zur Grundlage eines ekklesiologischen Pluralismus und Relativismus machen wollte, der besagt, dass die eine Kirche Jesu Christi in vielen Kirchen subsistiert und die katholische Kirche nur eine Kirchen neben anderen Kirchen ist. Die katholische Kirche beansprucht vielmehr nach wie vor, die wahre Kirche Jesu Christi zu sein." W. Kasper, *Das Dekret über den Ökumenismus*, 610.

[37] Ebd. 611.

Stillstand oder neuer Kairos?

Zur Zukunft des evangelisch-katholischen Dialogs

von Harding Meyer

Im Vatikan gibt es derzeit – vor allem wenn man dabei an den evangelisch-katholischen Dialog denkt – eine besondere personelle Konstellation, wie es sie in den letzten Jahrhunderten, zumindest seit dem Zweiten Vatikanischen Konzil nicht gegeben hat:

Beide, der Papst und der Präsident des Einheitsrates sind Theologen aus Deutschland, dem „Land der Reformation". Beide, Benedikt XVI. und Walter Kardinal Kasper, sind mit der evangelischen Kirche und Theologie – ihren Licht- und Schattenseiten – eng vertraut und kennen viele ihrer Leiter und Vertreter aus persönlicher Nähe. Beide waren über lange Jahre hinweg Theologieprofessoren an deutschen Universitäten, Seite an Seite mit den Kollegen der dortigen evangelischen theologischen Fakultäten. Beide waren Jahrzehnte Mitglieder des bekannten „Ökumenischen Arbeitskreises evangelischer und katholischer Theologen", der mit seinen Veröffentlichungen, wie zum Beispiel der Studie über „Lehrverurteilungen – kirchentrennend?" (1986), bleibend wichtige Beiträge zum katholisch-evangelischen Dialog geleistet hat.

Beide haben auch durch ihren ganz persönlichen Einsatz und ihre persönliche Mitarbeit diesem Dialog nachhaltige Impulse gegeben: Der damalige Professor Joseph Ratzinger – um nur drei Beispiele zu nennen – war der Vater des Gedankens einer katholischen „Anerkennung" der lutherischen *Confessio Augustana*, der in den Jahren 1976 bis

1980 von seinen Schülern zusammen mit lutherischen Theologen weiterverfolgt und ausgearbeitet und von der deutschen katholischen Bischofskonferenz und Papst Johannes Paul II. in positiven Erklärungen aufgenommen wurde. Als Kardinal und Präfekt der vatikanischen Glaubenskongregation war Ratzinger es, der ganz entscheidend dazu beitrug, dass die „Gemeinsame Erklärung zur Rechtfertigungslehre“ am 31. Oktober 1999 schließlich doch von den Kirchen offiziell angenommen werden konnte. Und hatte er nicht schon als Konzilsberater die gesuchte „Einheit der Kirche“ mit einer prägnanten und treffenden Formulierung als eine „Einheit der Kirchen, die Kirchen bleiben und doch eine Kirche werden“ beschrieben? Walter Kasper wiederum war eines der bestimmenden Mitglieder, zeitweise Vorsitzender, des internationalen katholisch-lutherischen Dialogs. Seinem Beitrag ist es mitzuverdanken, dass dieser Dialog in seiner ersten Phase 1967 bis 1971 den damals bahnbrechenden „Malta-Bericht“ über „Das Evangelium und die Kirche“ und später das Dokument über „Das geistliche Amt in der Kirche“ (1981) erarbeiten konnte.

Und beide, der Papst wie der Präsident des Einheitssekretariates, haben ihr Amt übernommen zu einer Zeit, in der es um den katholisch-evangelischen Dialog nicht gut steht und das Wort vom Stillstand oder gar Ende dieses Dialogs – sicherlich nicht ganz zu Unrecht – in der Luft liegt.

Darf man da nicht inständig hoffen, dass diese ganz besondere personelle Konstellation nicht verstreichen möge, ohne dem Dialog zwischen katholischer und evangelischer Kirche neue Impulse zu geben? Könnte es nicht sein, dass aus dieser Situation eine neue geschichtliche Chance, etwas wie ein neuer „Kairos“ für den evangelisch-katholischen Dialog erwächst, Dialogmüdigkeit und Konsensverdrossenheit zu überwinden und den Dialog ebenso beharrlich wie zuversichtlich fortzusetzen?

1. Dialogmüdigkeit und Konsensverdrossenheit

Ganz gewiss sind *theologische Dialoge* und ihr Suchen nach Gemeinschaft im Glauben nicht die einzige Form christlich-kirchlichen Einheitsbemühens. Es gab und gibt daneben andere Formen der ökumenischen Bewegung: Die Suche nach gelebter Gemeinschaft der Christen am Ort, das gemeinsame gesellschaftliche Handeln, den gemeinsamen Einsatz für Gerechtigkeit und Frieden in der Welt und für die Bewahrung der Schöpfung, die Pflege des „geistlichen Ökumenismus", das Wachhalten der Sehnsucht nach und das Gebet für die Einheit der Kirche.

Die theologischen Dialoge sind also gleichsam nur ein Strom *innerhalb* des vieldimensionalen Bemühens um die Einheit der Kirche. Gleichwohl geht es bei diesem Bemühen um Gemeinsamkeit im Verständnis und Bekenntnis des apostolischen Glaubens, um die grundlegende, tragende und darum schlechterdings unverzichtbare Dimension der Kirche und ihrer Einheit. „Ein Leib und ein Geist, [...] ein Herr, ein Glaube, [...] ein Gott und Vater unser aller" – in diesem gemeinsamen Bekennen, sagt Paulus, liegt die „Einigkeit im Geist", das „Band des Friedens", und er ruft uns auf, diese „Einigkeit" und dieses „Band" zu wahren (Eph 4, 3–6).

Das Bemühen um die Einheit im Glauben ist darum der *„Königsweg"* der ökumenischen Bewegung, der die anderen Wege gewiss nicht ersetzt, auf den aber alle anderen Wege bezogen bleiben müssen.

Und doch scheint schon seit einiger Zeit der Schleier einer spürbaren Verdrossenheit über diesen Dialogen mit ihrem Konsensbemühen zu liegen. Galten noch vor wenigen Jahren das Konsensbemühen der Dialoge und seine Ergebnisse als ein Ruhmesblatt der ökumenischen Bewegung, so gilt heute offenbar nicht wenigen diese Dialog-Ökumene als „Schnee vom vergangenen Jahr". Was sind die Gründe?

Viele haben den entmutigenden Eindruck, die von den – zumeist kirchlich-offiziellen – Dialogen erarbeiteten Konsense seien ohne offizielle Anerkennung durch die kirchenleitenden Instanzen und ohne kirchliche Verankerung geblieben. Sie schwebten gleichsam unverbindlich in der akademischen Luft, und darum seien ihnen auch keine oder kaum entscheidende Schritte in der sichtbaren Annäherung der Kirchen gefolgt.

Andere meinen, die Suche nach Konsens in Glauben und Lehre befasse sich mit Dingen, die innerhalb der Kirchen und ihrer Gemeinden weitgehend als irrelevant empfunden werden. Wirklich wichtig dagegen erschienen die Glaubens*praxis*, die Fragen der Lebensgestaltung und der Gestaltung unserer sozialen, politischen und ökologischen Welt und Umwelt.

Wieder andere sagen, das Konsensbemühen der Dialoge habe die innere Tendenz, sich ad infinitum fortzusetzen. Es habe sich gezeigt, dass erreichte Konsense durch noch subtilere Argumentsstrategien immer wieder in Frage gestellt werden können und dann neu erarbeitet werden müssen, so dass die Suche nach Konsens eine wahrhaft „unendliche Geschichte" sei.

Andere schließlich meinen, der „Dialog" sei geistesgeschichtlich schon immer ein „Wegbereiter der Skepsis" gewesen. So stehe auch der ökumenische Dialog in der Versuchung, die unterschiedlichen konfessionell-kirchlichen Überzeugungen und Identitäten zu verwischen und sich so dem gegenwärtigen „Relativismus", der modernen Beliebigkeitshaltung zu öffnen. An die Stelle der Dialog- und Konsensökumene müsse darum, so kann man hören, eine „Ökumene der Profile" oder gar eine „Differenz-Ökumene" treten.

All diese Eindrücke und Einschätzungen akkumulieren und verstärken sich gegenseitig. Sie drohen zu *schaffen*, wovon sie reden: das Ende der „Dialog-Ökumene".

Es liegt mir fern, diese kritischen Anfragen an den ökumenischen Dialog einfach vom Tisch zu wischen, auch wenn es zu jedem dieser kritischen Bedenken Antworten und Erklärungen gibt, die sie zu einem guten Teil entkräften oder eingrenzen. Aber von einem *Misslingen* des Konsensbemühens kann nicht die Rede sein, und einen *Verzicht* auf das Konsensbemühen rechtfertigen diese kritischen Bedenken schon gar nicht. Denn die Bilanz der Dialoge und ihres Bemühens um Einheit im Glauben ist ganz und gar beachtlich. In seiner Enzyklika *Ut unum sint*, dem ökumenischen Vermächtnis dieses bedeutenden Papstes, sah Johannes Paul II. im „Wachsen der Gemeinschaft" die „kostbare Frucht der Beziehungen der Christen untereinander und des von ihnen geführten theologischen Dialogs"[1]. In der Tat, sieht man auf den Ertrag der Dialoge, so kann man ohne Zögern sagen: *Nie in den vergangenen fünf Jahrhunderten standen sich das theologische Denken der evangelischen und der katholischen Kirche so nahe, wie es sich gegenwärtig im Licht der Dialoge darstellt.*

2. Fortführung des Dialogs auf der Basis verbindlicher Vergewisserungen des schon Erreichten

Gewiss gilt, dass dem ökumenischen Dialog und überhaupt der ökumenischen Bewegung eine – immer wieder beschworene – *geschichtliche „Unumkehrbarkeit"* zukommt. Dem wird sich keine Kirche entziehen können oder wollen. Doch dieser „unumkehrbare" Dialog muss auch seine *„Fortsetzung"* finden! Wie kann das in der rechten Weise gelingen? Das ist die Frage, die uns gegenwärtig unter den Nägeln brennt. Genügt es, die Dialoge wie bisher, also gewissermaßen „linear" fortzuführen, indem man sich den noch offen gebliebenen oder nicht hinreichend geklärten Kontroversfragen zuwendet und sie – eine nach der anderen – abhandelt?

Ganz ohne Zweifel warten derartige Fragen auf ihre Klärung und müssen im Dialog aufgenommen werden. Aber reicht solch ein Appell aus, um den gegenwärtigen Stillstand des Dialogs zu überwinden und ihm neue Intensität und Zuversicht zu verleihen? Ist nicht die beunruhigende Dialogmüdigkeit und Konsensverdrossenheit, die wir heute beobachten, ein viel zu tief greifendes Phänomen, als dass man ihnen nur mit *„Imperativen“* beikommen kann?

Wir täten gut daran, uns des nachkonziliaren Beginns und der ersten Jahrzehnte des evangelisch-katholischen Dialogs zu erinnern. Dieser Dialog war damals ganz entscheidend getragen von einem *„Indikativ“*: der tiefen Überzeugung, dass zwischen den Kirchen *das Gemeinsame größer ist und tiefer reicht als das Trennende*. Dieser grundlegende „ökumenische Indikativ“ ist immer wieder und mit Nachdruck bekräftigt worden. Man braucht nur an Johannes XXIII. zu denken oder an Johannes Paul II., der das einprägsame Bild gebrauchte von den gebliebenen Pfeilern und Fundamenten einer im Sturm zerstörten „Brücke“, die nun – im Dialog – auf den unzerstört gebliebenen Pfeilern und Fundamenten Stück für Stück wieder hergestellt werden müsse.

Hier, in diesem „Indikativ“, diesem Wissen um das Gemeinsame zwischen den getrennten Kirchen lag damals *die Voraussetzung oder der Ermöglichungsgrund des Dialogs*. Und in der Tat haben die Dialoge *erwiesen*, dass diese Rede von dem Gemeinsamen, das tiefer reicht und größer ist als das Trennende, alles andere als eine allgemeine Floskel ist und kein erbauliches Schönreden der Trennung. Sie trifft zu auf jede einzelne der kirchentrennenden Streitfragen. Gleichgültig welcher Kontroversfrage auch immer man sich zuwendet – ob der Abendmahlsfrage, dem Amtsproblem, dem Kirchenverständnis, der Mariologie oder selbst der Papstfrage –, stets zeigt sich, dass es in *jeder* dieser Kontroversfragen eine *Tiefenschicht an Gemeinsamem* gibt, die allem Streit vorausliegt und so *extra controversiam* bleibt.

Das zu sehen und ernst zu nehmen, ist kein Verwischen, keine Vergleichgültigung der Differenzen. Wohl aber bedeutet es, dass bei so gut wie allen Kontroversfragen es nie um den direkten und puren Zusammenprall von Gegensätzen geht. Vielmehr stehen alle Gegensätze auf einem Sockel von Gemeinsamkeiten, so dass jede der Kontroversfragen sich darstellt als kontroverse Entfaltung, Deutung oder Anwendung vorauslaufender *gemeinsamer Überzeugungen*. Und das bedeutete und bedeutet für den Dialog und seine Methode: Die einzig sachgemäße Erörterung der Kontroversfragen muss beim *„ökumenischen Indikativ"*, das heißt bei den schon gegebenen *Gemeinsamkeiten* einsetzen und *von dort her* weiterführen zur Prüfung der trennenden Verschiedenheiten und ihrer „Versöhnbarkeit".

Das gilt in vollem Maße auch im Blick auf die *Fortführung* des evangelisch-katholischen Dialogs. Auch diese Dialogfortsetzung muss, wenn sie gelingen und wirklich weiterführen soll, auf der Basis gegebener Gemeinsamkeiten, also auf der Basis des „ökumenischen Indikativs" geschehen.

Hier aber besteht heute ein überaus wichtiger *Unterschied* im Vergleich zum Beginn des Dialogs Ende der 1960er Jahre nach dem Zweiten Vatikanum. Er besteht darin, dass es während des nachfolgenden langjährigen Dialogs und seines Konsensbemühens zu einem bedeutsamen *„Wachsen der Gemeinschaft"* und des Gemeinsamen gekommen ist, wie Johannes Paul II. sagte. Der zukünftige Dialog wird darum wohl nur gelingen und weiterführen, wenn dieser neue Zuwachs an Gemeinsamkeit von den Kirchen, zumal von ihren leitenden Instanzen hinreichend ernst genommen und in irgendeiner Form verbindlich anerkannt wird, statt letzten Endes unbeachtet und unberücksichtigt zu bleiben.

Was geschieht, wenn jener im Dialog erreichte Zuwachs

an Gemeinsamkeit offiziell-kirchlich unbeachtet bleibt, haben wir gerade in letzter Zeit erfahren müssen: Dialogmüdigkeit und Konsensverdrossenheit, zumindest in ihrer *akuten* Gestalt, wie wir sie gegenwärtig erleben, datieren seit der Erklärung *Dominus Iesus*, mit der die vatikanische Glaubenskongregation das neue Jahrtausend eröffnete. Was sie über „die Einzigkeit und Heilsuniversalität Jesu Christi" sagte, hätte sich geradezu nahtlos an den im Dialog erreichten Konsens in der Rechtfertigungslehre anschließen können, wie er nur wenige Monate zuvor von den Kirchen mit der „Gemeinsamen Erklärung zur Rechtfertigungslehre" offiziell und feierlich bestätigt worden war. Doch stattdessen meinte die Erklärung in ihrem vierten Kapitel, den evangelischen Kirchen das Kirche-sein „im eigentlichen Sinn" absprechen zu müssen, und das wurde im Juni diesen Jahres in beinahe noch schrofferer Form wiederholt.[2]

Gewiss muss man sehen, dass *genau hier* – in der Frage der vollen wechselseitigen Anerkennung der Kirchen als Kirche Christi – in der Tat *„das ökumenische Problem"* schlechthin liegt, das noch nicht überwunden ist. Denn Trennung der Kirchen heißt ja nichts anderes, als dass man in der anderen Kirche eben nicht in vollem Maße die Kirche Christi zu erkennen vermag und folglich auch keine volle Gemeinschaft mit ihr haben kann. Und umgekehrt wäre mit der vollen gegenseitigen Anerkennung der Kirchen als Kirche Christi die Trennung der Kirchen und damit das ökumenische Problem zumindest im Kern überwunden. Das ist in der ökumenischen Bewegung – etwa im Ökumenischen Rat der Kirchen – auch zumeist so gesehen worden.[3] Man kann darum der Glaubenskongregation auch keinen Vorwurf daraus machen, dass sie mit ihren Aussagen den Finger darauf legte, dass das ökumenische Problem noch seiner vollen Lösung harrt.

Wohl aber muss man der Glaubenskongregation den Vorwurf machen, dass sie dieses – nach katholischen Kriterien noch fortdauernde – ökumenische Problem konstatiert, *ohne* dabei auch nur anzudeuten, dass dennoch das gemeinsame ökumenische Bemühen und der theologische Dialog der letzten vier Jahrzehnte nicht umsonst waren, sondern unsere Kirchen auf dem Weg zur Gemeinschaft *weitergeführt* haben. Jenes *„Wachsen der Gemeinschaft“* in Glauben und Leben, in dem Johannes Paul II. die „kostbare Frucht“ des Dialogs gesehen hatte, wird mit Schweigen übergangen. Genau dieses Ignorieren des schon Erreichten war und ist es, das in erster Linie die große Betroffenheit, ja Empörung – keineswegs nur auf evangelischer Seite! – auslöste angesichts der Verlautbarungen der Glaubenskongregation. Und diese Enttäuschung und Betroffenheit waren es, die sich in Dialogmüdigkeit und Konsensverdrossenheit niederschlagen mussten.

Darum kann nur ein verbindliches Ernstnehmen und Festhalten des im Dialog schon Erreichten aus dieser Situation herausführen. Ohne verbindliche Vergewisserungen des schon Erreichten wird es kaum zu einer sinn- und verheißungsvollen Fortführung des evangelisch-katholischen Dialogs kommen können.

3. Gemeinsame „‚In via‘-Erklärungen“ als Vergewisserungen wachsender Glaubensgemeinschaft

Letztlich geht es also um die kirchliche *„Rezeption“* der Dialogergebnisse, wie sie auch von Johannes Paul II. gefordert wurde.[4] Darüber ist viel gesagt und geschrieben worden. Auch wenn es richtig ist, dass das ganze Volk der Gläubigen sich den Ertrag der Dialoge zu eigen machen muss, fällt doch den *Kirchenleitungen* hier eine Schlüsselverantwortung zu. Denn die Dialoge, jedenfalls die wichtigeren unter ihnen, waren ja keine zufälligen Initiativen von besonders ökumenisch gesinnten Privatpersonen. Es waren und sind *kirchlich offizielle* Dialoge. Das bedeutet zumindest, dass die Kirchenleitungen sich verpflichtet haben, auf die von ihnen selbst beauftragten Dialoge und ihren Ertrag zu hören, zu reagieren und dazu Stellung zu nehmen. Sie müssen sich also auf den Rezeptionsprozess einlassen, auch wenn es dabei zu kritischen Vorbehalten gegenüber den Dialogergebnissen und zu Rückfragen kommen mag, die dann im weiteren Dialog aufzunehmen wären.

Dieses Wechselspiel, diese *Interaktion* zwischen Dialog und Rezeption ist dringend nötig, um weiterzukommen im Suchen nach der Einheit im Glauben. Nur so ist der Stillstand des Dialogs zu vermeiden und das Versickern seiner Ergebnisse aufzuhalten.

Bislang haben wir – was das evangelisch-katholische Verhältnis betrifft – nur ein einziges Beispiel gelungener Interaktion zwischen theologischem Dialog und kirchlicher Rezeption: die „Gemeinsame Erklärung zur Rechtfertigungslehre". Sie hat viel Mühe, Zeit und manch harte Auseinandersetzungen gekostet. Aber aufgrund dieser kirchlich verbindlichen „Gemeinsamen Erklärung" gilt nunmehr für die evangelische und die katholische Kirche: Der Streit um das Verständnis der Rechtfertigung, also der Streit um das Evangelium von der souveränen Gnade Gottes – und damit der „Kern" der reformatorischen Kirchentrennung – ist beigelegt. Wer das dennoch bestreitet, muss wissen, dass er damit nicht die Auffassung seiner Kirche, sondern lediglich seine Privatmeinung vertritt.

Was der evangelisch-katholische Dialog heute braucht, sind derartige kirchliche verbindliche Erklärungen zu dem, was dieser Dialog bei seiner Erörterung anderer Kontroversfragen erreicht hat. Ich denke dabei an den Dialog besonders über das *Abendmahl,* aber auch über das *kirchliche Amt* und über das *Verständnis von Kirche*.

Allerdings gilt ohne Zweifel, dass in jedem dieser Themenkreise noch Fragen offen geblieben sind und noch kein umfassender Konsens erreicht werden konnte. Dennoch wären *gerade hier* kirchliche Erklärungen dringend angebracht. Es wären kirchlich offizielle *„Vergewisserungen"* über den Weg und den Stand des Dialogs und seines Bemühens um Gemeinschaft im Glauben: „Vergewisserungen" – einerseits – über das auf dem Dialogweg *schon Erreichte* und – andererseits – über das *noch nicht Erreichte* und die noch ausstehenden Aufgaben.

Man könnte solche Erklärungen darum – im Anklang an das letzte Kapitel der Enzyklika *Ut unum sint*[5] – als *„‚In via'-Erklärungen"* bezeichnen. Sie hätten eine dreifache Funktion: erstens die durchschrittene Wegstrecke und die schon erreichte Stufe bei der Klärung der jeweiligen Kontroversfragen zu beschreiben; zweitens dem schon Erreichten einen dialogdefiniten Status zuzusprechen und es so vor immer neuen Infragestellungen oder gar kollektivem Vergessen zu schützen; und drittens die noch nicht zurückgelegte und darum noch vor uns liegende Wegstrecke mit ihren Aufgaben möglichst klar zu markieren.

4. Der festzuhaltende Ertrag des Dialogs

Ein Plädoyer für derartige „‚In via'- Erklärungen" kann nicht ohne den Versuch bleiben, das Gemeinte wenigstens ein Stück weit zu konkretisieren. Als gewichtige Beispiele legen sich drei Kontroversfragen nahe, die der Dialog wiederholt und ausführlich erörtert hat: das Verständnis des Abendmahls oder der Eucharistie, das Verständnis des kirchlichen Amtes und das Verständnis von Kirche.

Was kann und sollte hier jeweils als bisheriger *Ertrag des Dialogs* durch gemeinsame „‚In via'-Erklärungen" festgehalten werden?

In thesenartigen Sätzen sei darauf zu antworten versucht,

im Wissen darum, dass sie – selbstverständlich – erheblich größerer Ausführlichkeit bedürfen, und zugleich im Wissen darum, dass sie eine Verständigung „in via" darstellen, die noch nicht als abgeschlossen gelten kann und darum im Dialog fortgetrieben werden muss.

a) *Das Verständnis des Abendmahls*

In jeder der beiden, seit der Reformation hier im Zentrum stehenden Kontroversfragen – der Gegenwart Christi im Abendmahl und dem Opfercharakter der Messe – gelangte der Dialog zu grundlegenden theologischen Verständigungen.

Im Blick auf die *Gegenwart Christi im Abendmahl* warf die katholische Kirche der Reformation vor, sie leugne diese wirkliche Gegenwart Christi und *entleere* so das Abendmahl. Dagegen hat der Dialog gezeigt, dass beide Seiten *gemeinsam* lehren und bekennen:

Im Sakrament des Abendmahls als „Gedächtnismahl" ist der gekreuzigte und auferstandene Jesus Christus durch sein Wort und kraft des Heiligen Geistes mit seinem Leib und seinem Blut unter den Zeichen von Brot und Wein wirklich gegenwärtig.

Christus gibt denen, die diese Zeichen im Glauben empfangen, Gemeinschaft mit sich selbst und Anteil am Heil, das Gott in Christus der Welt geschenkt hat.

Die Gegenwart Christi in Brot und Wein ist nicht begrenzt auf den Augenblick des Empfangs dieser Gaben.

Im Blick auf die katholische Lehre vom *Opfercharakter der Messe* warf die Reformation der katholischen Kirche vor: In der Messe werde das schlechterdings einmalige Opfer Christi vom Priester „wiederholt" und „ergänzt". Dadurch *verfälsche* die Messopferlehre das Verständnis des Abendmahls.

Der Dialog hat dagegen gezeigt, dass man *gemeinsam* bekennt:

Wir feiern das Abendmahl als Lobopfer und Danksagung

an Gott, den Vater, für alles, was er in Schöpfung, Erlösung und Heiligung für die Welt getan hat und tut.

Insbesondere danken wir Gott und lobpreisen ihn für das Opfer seines Sohnes, der im Abendmahl gegenwärtig ist. Dieses Opfer ist ein für allemal für die Sünden der Welt dargebracht worden.

Dieses Opfer kann vom Priester und von der Kirche nicht wiederholt und auch nicht fortgesetzt oder ergänzt werden. Wohl aber wird das Opfer Christi in der Feier der Messe für die Gemeinde gegenwärtig, so dass die Gemeinde in dieses Opfer mit einbezogen wird und an ihm teilhat.

Damit sind die bisherigen Gegensätze und Vorwürfe gegenstandslos geworden und es ist eine Verständigung erreicht in dem, was das Abendmahl *ist, bedeutet und schenkt*.

b) *Das Verständnis vom kirchlichen Amt*

Auch im Blick auf dieses wichtige und in sich komplexe Kontroversthema sind *gemeinsame Grundüberzeugungen* sichtbar geworden. Die folgenden sechs seien hervorgehoben:

1. Das kirchliche Amt ist eine *Stiftung Gottes*. Es gehört darum zum Wesen der Kirche. 2. Das kirchliche Amt hat *apostolischen Ursprung*. Auch wenn das Amt der Apostel als solches einmalig und unübertragbar ist, steht das kirchliche Amt doch in dessen Nachfolge. Diese apostolische Nachfolge ist primär die Nachfolge im apostolischen Glauben. 3. Dem kirchlichen Amt ist die *Vollmacht* zugesagt, „an Christi statt" zu handeln. Das lässt den Träger des Amtes bei der Ausübung seines Dienstes mit Christus der Gemeinde „gegenüber" stehen, auch wenn er als Christ zugleich „innerhalb" der Gemeinde steht. 4. Die Berufung in das kirchliche Amt geschieht im gottesdienstlichen Akt der *Ordination*, bei dem dem Ordinanden durch Handauflegung und Gebet die Gabe des Heiligen Geistes zur Ausübung seines Dienstes zugesprochen und zuteil wird. Die Ordination kann nicht

wiederholt werden. 5. Die Berufung *einzelner* zum kirchlichen Amt und die Berufung *aller* Glieder des Volkes Gottes zu christlichem Zeugnis und Dienst – also das „ordinierte Amt" und das „Priestertum aller getauften Gläubigen" – gehören zusammen, müssen aber in Charakter und Funktion unterschieden werden. 6. In der Geschichte der Kirche kam es zu verschiedenen *Ausgestaltungen und Formen des kirchlichen Amtes*, besonders zur Bildung des regionalen *Bischofsamtes*, das zum örtlichen Priester- oder Pastorenamt hinzutrat. Diese Entwicklung entsprach den kirchlichen Notwendigkeiten und war legitim.

c. *Das Verständnis von Kirche*

Auch hier, wo viele die katholisch-evangelische „Grunddifferenz" zu sehen meinen, sind im Dialog wichtige *gemeinsame Grundüberzeugungen* und damit deutliche Zeichen wachsender Glaubensgemeinschaft sichtbar geworden. Sechs seien besonders genannt:

1. *Kirche gehört zum Heilsgeschehen* und ist nicht der freiwillige Selbstzusammenschluss der Gläubigen. Kirche ist Stiftung Gottes, Geschöpf seines Heilshandelns. Sie ist *creatio evangelii*, durch Gottes Wort und Sakramente zusammengerufenes „Volk Gottes", „Leib Christi" und „Tempel des Heiligen Geistes", von Gott erhalten bis ans Ende der Zeit. 2. Kirche ist in einem umfassenden Sinne *„Gemeinschaft" („Koinonia")*: Sie ist „Gemeinschaft" der Gläubigen, die durch die „Gemeinschaft" eines jeden mit dem dreieinigen Gott konstituiert und getragen wird. 3. Als Geschöpf des Heilshandelns Gottes ist die Kirche zugleich als ganze und mit allen ihren Gliedern von Gott dazu berufen, *„Dienerin und Werkzeug" seines Heilshandelns* zu sein. Als *creatio evangelii* ist die Kirche zugleich *ministra evangelii*, „Dienerin des Evangeliums". 4. Die Kirche ist *heilig und sündig zugleich* und bedarf der ständigen Buße und Erneuerung.

Als Geschöpf Gottes und als sein „Werkzeug“ ist die Kirche unzerstörbar heilig. Als Gemeinschaft von Menschen dagegen dringt die Macht der Sünde immer wieder in sie ein und macht sie zu einer *ecclesia semper reformanda*. 5. Kirche ist keine unsichtbare Gemeinschaft der Herzen. Sie ist in untrennbarer Weise *„sichtbar“ und „verborgen“ zugleich*. Sie ist „sichtbar“, weil sie zu erkennen ist an äußeren und sichtbaren Zeichen: an der gottesdienstlichen Versammlung, an der Verkündigung des Wortes Gottes, an der Feier der Sakramente, am kirchlichen Amt. Doch diese und andere sichtbare Zeichen verweisen auf die unter ihnen „verborgene“, allein im Glauben erfassbare geistige Wirklichkeit der Kirche als „Volk Gottes“, „Leib Christi“ und „Tempel des Heiligen Geistes“. 6. In ihrer sichtbaren Wirklichkeit bedarf die Kirche *dauerhafter Strukturen und verbindlicher Glaubensnormen*, die ihrem Wesen entsprechen.

Wenn die Kirchen und Kirchenleitungen sich dazu entschließen könnten, sich auf die Rezeption dieser oder ähnlicher Dialogergebnisse als klare Zeichen wachsender und schon gewachsener Glaubensgemeinschaft einzulassen, so würde der wahrhaft verheißungsvolle Dialog der letzten Jahrzehnte davor bewahrt, eine bloße Episode zu bleiben und aus dem Bewusstsein unserer Kirchen wieder zu verschwinden. Es würde den evangelisch-katholischen Dialog davor schützen, in Dialogmüdigkeit und Konsensverdrossenheit zum Stillstand zu kommen, und könnte ihm neue Impulse und klare Orientierungen geben, um seinen unverzichtbaren Auftrag weiter zu verfolgen: die Gemeinschaft des Glaubens zwischen unseren Kirchen weiter wachsen zu lassen und schließlich wiederzugewinnen.

Ich möchte dieses Plädoyer für eine Fortführung des evangelisch-katholischen Dialogs *„auf der Basis verbindlicher Vergewisserungen des schon Erreichten“* mit einem kleinen persönlichen Erlebnis schließen, das mir im Rückblick geradezu symbolhaft erscheinen will:

Während meiner ersten Sommersemesterferien 1947 bat mich die alte Julia von Bodelschwingh, die bei uns in der Nähe lebte, ihr beim Bau eines einfachen Hauses für Flüchtlinge zu helfen. Ein Arbeitsloser und ich sollten damit anfangen und auf dem vorgesehenen Baugrundstück große Lehmsteine „backen“. Lehm wurde herbeigeschafft, mit etwas Wasser durchknetet, mit gehäckseltem Stroh untermischt und mit einer Holzschablone zu großen Steinen geformt. Am Ende der Semesterferien lagen auf dem Grundstück sechs große Haufen wohlgeformter Lehmsteine, zum Trocknen winddurchlässig aufgetürmt, mehr als genug für das ganze kleine Flüchtlingsheim. Zufrieden fuhr ich zum Wintersemester wieder an meinen Studienort. – Doch im März, als ich von dort zurückkam und unsere schönen Lehmsteine inspizieren wollte, lagen da nichts als sechs große, formlose braune Lehmhaufen. – Alle Arbeit war umsonst gewesen. Den Steinen hatte ein Dach oder irgendein anderer Schutz gefehlt. Die Witterung, Regen, Frost und Schnee hatten sie aufgelöst, als hätte es sie nie gegeben.

Sollte das jahrzehntelange Mühen der Dialoge um den Bau des gemeinsamen „Hauses“, des „oikos“ der Kirchen so zu Ende gehen? Sollten all die sorgsam erarbeiteten und angesammelten Konsense auf dem Bauplatz liegen bleiben, zerstreut, ungenutzt und ungeschützt, ausgesetzt dem zersetzenden Wind und Wetter wechselnder Interessen, dem Frost eines ökumenischen Winters, dem Nebel langsamen Vergessens? Sollten all diese „Steine“ liegen bleiben, ohne zu neuen Wänden des gemeinsamen Hauses zusammengefügt zu werden, als seien die Gemeinschaft im Glauben und das Wachsen dieser Gemeinschaft für die Einheit der Kirchen unwichtig und verzichtbar?

Anmerkungen

[1] *Ut unum sint*, § 49.

[2] Kongregation für die Glaubenslehre, *Antworten auf Fragen zu einigen Aspekten bezüglich der Lehre über die Kirche* vom 29. Juni 2007.

[3] In der sog. „*Toronto-Erklärung*" des Ökumenischen Rates der Kirchen (ÖRK) von 1950, die auch heute noch gilt, heißt es in Abs. 11: „Aus der Mitgliedschaft (im ÖRK) folgt nicht, dass jede Kirche die anderen Mitgliedskirchen als Kirchen im wahren und vollen Sinne des Wortes ansehen muss." Abs. 12: „Die Mitgliedskirchen des ÖRK erkennen in anderen Kirchen Elemente der wahren Kirche an."

[4] *Ut unum sint*, § 80.

[5] „Ut unum sint", §§ 77ff: „Quanta est nobis via?" („Wie weit ist noch der Weg?").

Dokumentation

Kongregation für die Glaubenslehre Antworten auf Fragen zu einigen Aspekten bezüglich der Lehre über die Kirche

Einleitung

Das Zweite Vatikanische Konzil hat mit der dogmatischen Konstitution *Lumen gentium* und mit den Dekreten über den Ökumenismus *(Unitatis redintegratio)* und über die Ostkirchen *(Orientalium Ecclesiarum)* maßgeblich zur Erneuerung der katholischen Ekklesiologie beigetragen. Auch die Päpste wollten diese Lehre vertiefen und Orientierungen für die Praxis geben: Paul VI. in der Enzyklika *Ecclesiam suam* (1964) und Johannes Paul II. in der Enzyklika *Ut unum sint* (1995).

Das Mühen der Theologen, das sich daraus ergibt und darauf abzielt, die verschiedenen Aspekte der Ekklesiologie immer besser zu erklären, hat sich in einer reichhaltigen Literatur niedergeschlagen. Die Thematik erwies sich nämlich als sehr fruchtbar. Manchmal war es aber auch notwendig, einzelne Punkte genauer zu umreißen und in Erinnerung zu rufen, wie es in der Erklärung *Mysterium Ecclesiae* (1973), im Schreiben an die Bischöfe der katholischen Kirche *Communionis notio* (1992) und in der Erklärung *Dominus Iesus* (2000) – alle veröffentlicht durch die Kongregation für die Glaubenslehre – geschehen ist.

Der Umfang der Fragestellung und die Neuheit vieler Themen fordern das theologische Nachdenken beständig heraus und führen fortwährend zu neuen Beiträgen, die nicht immer frei sind von irrigen Interpretationen. Diese erwecken Verwirrung und Zweifel, von denen einige der Kongregation für die Glaubenslehre unterbreitet worden sind. Unter Voraussetzung der gesamten katholischen Lehre über die Kirche möchte die Kongregation darauf antworten, indem sie die authentische Bedeutung einiger ekklesiologischer Ausdrücke des Lehramts klärt, die in der theologischen Diskussion in Gefahr sind, missverstanden zu werden.

ANTWORTEN AUF DIE FRAGEN

1. Frage: Hat das Zweite Vatikanische Konzil die vorhergehende Lehre über die Kirche verändert?

Antwort: Das Zweite Vatikanische Konzil wollte diese Lehre nicht verändern und hat sie auch nicht verändert, es wollte sie vielmehr entfalten, vertiefen und ausführlicher darlegen.

Genau das sagte Johannes XXIII. am Beginn des Konzils mit großer Klarheit1. Paul VI. bekräftigte es[2] und äußerte sich bei der Promulgation der Konstitution *Lumen gentium* folgendermaßen: „Der beste Kommentar zu dieser Promulgation ist wohl der folgende: Nichts hat sich an der überlieferten Lehre verändert. Was Christus gewollt hat, das wollen auch wir. Was war, das ist geblieben. Was die Kirche durch die Jahrhunderte gelehrt hat, das lehren auch wir. Nur ist nun das, was früher bloß in der Praxis des Lebens enthalten war, auch offen als Lehre zum Ausdruck gebracht. Nun ist das, was bis jetzt Gegenstand des Nachdenkens, der Diskussion und zum Teil auch der Auseinandersetzungen war, in einer sicher formulierten Lehre dargelegt“[3]. Die Bischöfe haben wiederholt dieselbe Absicht bekundet und zur Ausführung gebracht[4].

2. Frage: Wie muss die Aussage verstanden werden, gemäß der die Kirche Christi in der katholischen Kirche subsistiert?

Antwort: Christus hat eine einzige Kirche „hier auf Erden… verfasst“ und sie als „sichtbare Versammlung und geistliche

Gemeinschaft“[5] gestiftet, die seit ihrem Anfang und durch die Geschichte immer da ist und immer da sein wird und in der allein alle von Christus eingesetzten Elemente jetzt und in Zukunft erhalten bleiben[6]. „Diese ist die einzige Kirche Christi, die wir im Glaubensbekenntnis als die eine, heilige, katholische und apostolische bekennen... Diese Kirche, in dieser Welt als Gesellschaft verfasst und geordnet, subsistiert in der katholischen Kirche, die vom Nachfolger des Petrus und von den Bischöfen in Gemeinschaft mit ihm geleitet wird“[7].

In der Nummer 8 der dogmatischen Konstitution *Lumen gentium* meint Subsistenz jene immerwährende historische Kontinuität und Fortdauer aller von Christus in der katholischen Kirche eingesetzten Elemente[8], in der die Kirche Christi konkret in dieser Welt anzutreffen ist.

Nach katholischer Lehre kann man mit Recht sagen, dass in den Kirchen und kirchlichen Gemeinschaften, die noch nicht in voller Gemeinschaft mit der katholischen Kirche stehen, kraft der in ihnen vorhandenen Elemente der Heiligung und der Wahrheit die Kirche Christi gegenwärtig und wirksam ist[9]. Das Wort „subsistiert“ wird hingegen nur der katholischen Kirche allein zugeschrieben, denn es bezieht sich auf das Merkmal der Einheit, das wir in den Glaubensbekenntnissen bekennen (Ich glaube ... die „eine“ Kirche); und diese „eine“ Kirche subsistiert in der katholischen Kirche[10].

3. Frage: Warum wird der Ausdruck „subsistiert in“ und nicht einfach das Wort „ist“ gebraucht?

Antwort: Die Verwendung dieses Ausdrucks, der die vollständige Identität der Kirche Christi mit der katholischen Kirche besagt, verändert nicht die Lehre über die Kirche. Er ist begründet in der Wahrheit und bringt klarer zum Ausdruck, dass außerhalb ihres Gefüges „vielfältige Elemente der Heiligung und der Wahrheit" zu finden sind, „die als der Kirche Christi eigene Gaben auf die katholische Einheit hindrängen"[11].

„Daher sind diese getrennten Kirchen und Gemeinschaften, auch wenn sie, wie wir glauben, mit jenen Mängeln behaftet sind, keineswegs ohne Bedeutung und Gewicht im Geheimnis des Heils. Denn der Geist Christi weigert sich nicht, sie als Mittel des Heils zu gebrauchen, deren Kraft sich von der Fülle der Gnade und Wahrheit herleitet, die der katholischen Kirche anvertraut ist"[12].

4. Frage: Warum schreibt das Zweite Vatikanische Konzil den Ostkirchen, die von der voller Gemeinschaft mit der katholischen Kirche getrennt sind, die Bezeichnung „Kirchen" zu?

Antwort: Das Konzil wollte den traditionellen Gebrauch dieser Bezeichnung übernehmen. „Da nun diese Kirchen trotz ihrer Trennung wahre Sakramente besitzen, und zwar vor allem kraft der apostolischen Sukzession das Priestertum und die Eucharistie, wodurch sie in ganz enger Gemeinschaft bis heute mit uns verbunden sind"[13], verdienen sie den Titel „Teil- oder Ortskirchen"[14] und werden Schwesterkirchen der katholischen Teilkirchen genannt[15].

„So baut die Kirche Gottes sich auf und wächst in diesen Einzelkirchen durch die Feier der Eucharistie des Herrn"[16]. Weil aber die Gemeinschaft mit der katholischen Kirche, deren sichtbares Haupt der Bischof von Rom und Nachfolger des Petrus ist, nicht eine bloß äußere Zutat zur Teilkirche ist, sondern eines ihrer inneren Wesenselemente, leidet das Teilkirchesein jener ehrwürdigen christlichen Gemeinschaften unter einem Mangel[17].

Andererseits wird durch die Trennung der Christen die katholische Universalität – die der Kirche eigen ist, die vom

Nachfolger des Petrus und von den Bischöfen in Gemeinschaft mit ihm geleitet wird – in ihrer vollen Verwirklichung in der Geschichte gehindert[18].

5. Frage: Warum schreiben die Texte des Konzils und des nachfolgenden Lehramts den Gemeinschaften, die aus der Reformation des 16. Jahrhunderts hervorgegangen sind, den Titel „Kirche" nicht zu?

Antwort: Weil diese Gemeinschaften nach katholischer Lehre die apostolische Sukzession im Weihesakrament nicht besitzen und ihnen deshalb ein wesentliches konstitutives Element des Kircheseins fehlt. Die genannten kirchlichen Gemeinschaften, die vor allem wegen des Fehlens des sakramentalen Priestertums die ursprüngliche und vollständige Wirklichkeit des eucharistischen Mysteriums nicht bewahrt haben[19], können nach katholischer Lehre nicht „Kirchen" im eigentlichen Sinn genannt werden[20].

Papst Benedikt XVI. hat in der dem unterzeichneten Kardinalpräfekten der Kongregation für die Glaubenslehre gewährten Audienz diese Antworten, die in der Ordentlichen Versammlung dieser Kongregation beschlossen worden sind, gutgeheißen, bestätigt und deren Veröffentlichung angeordnet.

Rom, am Sitz der Kongregation für die Glaubenslehre, am 29. Juni 2007, dem Hochfest der heiligen Apostel Petrus und Paulus.

William Kardinal Levada *Präfekt*
Angelo Amato, S.D.B. *Titularerzbischof von Sila* Sekretär

[1] JOHANNES XXIII., *Ansprache* vom 11. Oktober 1962: „Das Konzil... will die katholische Lehre vollständig weitergeben, ohne sie abzuschwächen oder zu entstellen... Aber heute ist es notwendig, dass die ganze christliche Lehre ohne jede Abweichung von allen mit neuem Eifer und mit klarem und ruhigem Geist angenommen werde... Es ist notwendig, dass dieselbe Lehre tiefer und gründlicher verstanden werde, wie alle es sehnlichst wünschen, die der christlichen, katholischen und apostolischen Sache anhangen... Es ist notwendig, dass diese sichere und unwandelbare Lehre, welcher der Gehorsam des Glaubens gebührt, in einer Weise erforscht und dargelegt werde, die unserer Zeit entspricht. Eines ist nämlich die Substanz des Glaubensgutes, also die Wahrheiten, die in unserer ehrwürdigen Lehre enthalten sind, etwas anderes die Art und Weise, in der diese Wahrheiten dargelegt werden, immer aber in demselben Sinn und in derselben Bedeutung": AAS 54 (1962) 791–792.

[2] Vgl. PAUL VI., *Ansprache* vom 29. September 1963: AAS 55 (1963) 847–852.

[3] PAUL VI., *Ansprache* vom 21. November 1964: AAS 56 (1964) 1009–1010.

[4] Das Konzil wollte die Identität der Kirche Christi mit der katholischen Kirche zum Ausdruck bringen. Dies geht aus den Diskussionen über das Dekret *Unitatis redintegratio* hervor. Das Schema des Dekrets wurde mit einer *Relatio* (Act Syn III/II 296–344) am 23. September 1964 in der Aula eingebracht. Auf die Veränderungsvorschläge, die von den Bischöfen in den folgenden Monaten eingebracht wurden, antwortete das Sekretariat für die Einheit der Christen am 10. November 1964 (Act Syn III/VII 11–49). Aus dieser *Expensio modorum* werden die folgenden vier Texte bezüglich der ersten Antwort angeführt:

A) [In Nr. 1 (Prooemium) Schema *Decreti*: Act Syn III/II 296,3–6]
„Pag. 5, lin. 3–6: Videtur etiam Ecclesiam catholicam inter illas Communiones comprehendi, quod falsum esset.
R(espondetur): Hic tantum factum, prout ab omnibus conspicitur, describendum est. Postea clare affirmatur solam Ecclesiam catholicam esse veram Ecclesiam Christi" (Act Syn III/VII 12).

B) [In Caput I in genere: Act Syn III/II 297–301]
„4 – Expressius dicatur unam solam esse veram Ecclesiam Christi; hanc esse Catholicam Apostolicam Romanam; omnes debere inquirere, ut eam cognoscant et ingrediantur ad salutem obtinendam...
R(espondetur): In toto textu sufficienter effertur, quod postulatur. Ex altera parte non est tacendum etiam in aliis communitatibus christianis inveniri veritates revelatas et elementa ecclesialia" (Act Syn III/VII 15). Vgl. auch ebd., Punkt 5.

C) [In Caput I in genere: Act Syn III/II 296s]

„5 – Clarius dicendum esset veram Ecclesiam esse solam Ecclesiam catholicam romanam…
R(espondetur): Textus supponit doctrinam in constitutione ‚De ecclesia' expositam, ut pag. 5, lin. 24–25 affirmatur" (Act Syn III/VII 15).
Die Kommission, welche die Änderungsvorschläge zum Dekret *Unitatis redintegratio* bewerten musste, bringt also klar die Identität der Kirche Christi mit der katholischen Kirche sowie ihre Einzigkeit zum Ausdruck und sieht diese Lehre in der dogmatischen Konstitution *Lumen gentium* grundgelegt.
D) [In Nr. 2 Schema *Decreti*: Act Syn III/II 297s]
„Pag. 6, lin. 1–24: Clarius exprimatur unicitas Ecclesiae. Non sufficit inculcare, ut in textu fit, unitatem Ecclesiae.
R(espondetur): a) Ex toto textu clare apparet identificatio Ecclesiae Christi cum Ecclesia catholica, quamvis, ut oportet, efferantur elementa ecclesialia aliarum communitatum".
„Pag. 7, lin. 5: Ecclesia a successoribus Apostolorum cum Petri successore capite gubernata (cf. novum textum ad pag. 6, lin. 33–34) explicite dicitur ‚unicus Dei grex' et lin. 13 ‚una et unica Dei Ecclesia'" (Act Syn III/VII).
Die beiden zitierten Ausdrücke finden sich in *Unitatis redintegratio* 2.5 und 3.1.

[5] Vgl. II. VATIKANISCHES KONZIL, Dogmatische Konstitution *Lumen gentium*, 8.1.

[6] Vgl. II. VATIKANISCHES KONZIL, Dekret *Unitatis redintegratio*, 3.2; 3.4; 3.5; 4.6.

[7] II. VATIKANISCHES KONZIL, Dogmatische Konstitution *Lumen gentium*, 8.2.

[8] Vgl. KONGREGATION FÜR DIE GLAUBENSLEHRE, Erklärung *Mysterium Ecclesiae*, 1.1: AAS 65 (1973) 397; Erklärung *Dominus Iesus*, 16.3: AAS 92 (2000) 757–758; *Notifikation zu dem Buch „Kirche: Charisma und Macht. Versuch einer militanten Ekklesiologie" von P. Leonardo Boff OFM*: AAS 77 (1985) 758–759.

[9] Vgl. JOHANNES PAUL II., Enzyklika *Ut unum sint*, 11.3: AAS 87 (1995) 928.

[10] Vgl. II. VATIKANISCHES KONZIL, Dogmatische Konstitution *Lumen gentium*, 8.2.

[11] II. VATIKANISCHES KONZIL, Dogmatische Konstitution *Lumen gentium*, 8.2.

[12] II. VATIKANISCHES KONZIL, Dekret *Unitatis redintegratio*, 3.4.

[13] II. VATIKANISCHES KONZIL, Dekret *Unitatis redintegratio*, 15.3; vgl. KONGREGATION FÜR DIE GLAUBENSLEHRE, Schreiben *Communionis notio*, 17.2: AAS 85 (1993) 848.

[14] II. VATIKANISCHES KONZIL, Dekret *Unitatis redintegratio*, 14.1.

[15] Vgl. II. VATIKANISCHES KONZIL, Dekret *Unitatis redintegratio*, 14.1; JOHANNES PAUL II., Enzyklika *Ut unum sint*, 56f.: AAS 87 (1995) 954f.

[16] II. Vatikanisches Konzil, Dekret *Unitatis redintegratio*, 15.1.

[17] Vgl. KONGREGATION FÜR DIE GLAUBENSLEHRE, Schreiben *Communionis notio*, 17.3: AAS 85 (1993) 849.

[18] Vgl. *ebd.*

[19] Vgl. II. VATIKANISCHES KONZIL, Dekret *Unitatis redintegratio*, 22.3.

[20] Vgl. KONGREGATION FÜR DIE GLAUBENSLEHRE, Erklärung Dominus Iesus, 17.2: AAS 92 (2000) 758.

Kongregation für die Glaubenslehre KOMMENTAR zu den Antworten auf Fragen zu einigen Aspekten bezüglich der Lehre über die Kirche

Die verschiedenen Fragen, auf welche die Kongregation für die Glaubenslehre antworten möchte, betreffen das allgemeine Verständnis der Kirche, wie es sich aus den dogmatischen und ökumenischen Dokumenten des Zweiten Vatikanischen Konzils ergibt. Denn diesem „Konzil der Kirche über die Kirche", das nach den Worten von Paul VI. eine „neue Epoche für die Kirche" eingeleitet hat, kommt das Verdienst zu, „das wahre Antlitz der Braut Christi besser beschrieben und enthüllt" zu haben[1]. Darüber hinaus werden die wichtigsten Dokumente von Papst Paul VI. und Papst Johannes Paul II. sowie Äußerungen der Kongregation für die Glaubenslehre in Erinnerung gerufen. Alle diese Verlautbarungen wollen zu einem vertieften Verständnis der Kirche beitragen und bieten häufig Klärungen zur beachtlichen theologischen Produktion nach dem Konzil, die nicht immer frei war von Abweichungen und Ungenauigkeiten.

Dieselbe Zielsetzung findet sich im vorliegenden Dokument, mit dem die Kongregation die authentische Bedeutung einiger Äußerungen des Lehramts im Bereich der Ekklesiologie in Erinnerung rufen möchte, damit die gesunde theologische Forschung nicht beeinträchtigt werde durch Irrtümer, die Unklarheiten verursachen können. In diesem Zusammenhang ist die literarische Gattung der „Antworten auf Fragen" *(Responsa ad quaestiones)* zu beachten, die ihrer Natur nach nicht Argumentationen für den Aufweis der dargelegten Lehre liefern, sondern sich darauf beschränken,

Äußerungen des vorhergehenden Lehramts in Erinnerung zu rufen und somit ein sicheres und zuverlässiges Wort zum Thema zu sagen.

In der ersten Frage geht es darum, ob das Zweite Vatikanum die vorhergehende Lehre über die Kirche verändert habe.

Die Frage bezieht sich auf die Bedeutung jenes neuen Antlitzes der Kirche, welches das Zweite Vatikanum nach den zitierten Worten von Paul VI. geboten hat.

Die Antwort, die auf das Lehramt von Johannes XXIII. und Paul VI. gründet, ist sehr klar: Das Zweite Vatikanum wollte die vorhergehende Lehre über die Kirche nicht verändern und hat sie auch nicht verändert, sondern vielmehr vertieft und organischer dargelegt. In diesem Sinn werden die Worte von Paul VI. aus seiner Ansprache bei der Promulgation der dogmatischen Konzilskonstitution *Lumen gentium* angeführt, mit denen er bekräftigt, dass die überlieferte Lehre in keiner Weise verändert worden ist: „Nur ist nun das, was früher bloß in der Praxis des Lebens enthalten war, auch offen als Lehre zum Ausdruck gebracht. Nun ist das, was bis jetzt Gegenstand des Nachdenkens, der Diskussion und zum Teil auch der Auseinandersetzungen war, in einer sicher formulierten Lehre dargelegt“[2].

In gleicher Weise besteht Kontinuität zwischen der Lehre des Konzils und den nachfolgenden Verlautbarungen des Lehramts, die diese Lehre aufgegriffen und vertieft und zugleich zu ihrer Entfaltung beigetragen haben. In diesem Sinn hat etwa die von der Kongregation für die Glaubenslehre veröffentlichte Erklärung *Dominus Iesus* nur die Texte des Konzils und der Nachkonzilsdokumente aufgegriffen, ohne etwas hinzuzufügen oder wegzulassen.

Trotz dieser klaren Äußerungen war die Lehre des Zweiten Vatikanums in der Zeit nach dem Konzil – und sie ist es noch immer – Gegenstand von Interpretationen, die abwegig und in Diskontinuität zur überlieferten katholischen

Lehre über das Wesen der Kirche sind. Auf der einen Seite sah man in der Lehre des Konzils eine „kopernikanische Wende", auf der anderen Seite konzentrierte man sich auf einige Themen, die als gleichsam gegensätzlich zu anderen Themen betrachtet wurden. In Wirklichkeit lag die Grundabsicht des Zweiten Vatikanischen Konzils eindeutig darin, die Rede von der Kirche der Rede von Gott ein- und unterzuordnen und so eine im eigentlichen Sinn theologische Ekklesiologie vorzulegen. Die Rezeption des Konzils hat dieses bestimmende Vorzeichen aber häufig zugunsten einzelner ekklesiologischer Aussagen vernachlässigt, sich auf einzelne Stichworte konzentriert und einseitige, partielle Auslegungen der Konzilslehre begünstigt.

Was die Ekklesiologie von *Lumen gentium* angeht, sind im kirchlichen Bewusstsein einige Stichworte haften geblieben: der Begriff Volk Gottes, die Kollegialität der Bischöfe als Aufwertung des Bischofsamtes gegenüber dem Primat des Papstes, die Neubewertung der Teilkirchen innerhalb der Gesamtkirche, die ökumenische Öffnung des Kirchenbegriffs und die Öffnung zu den anderen Religionen, und schließlich die Frage nach dem spezifischen Status der katholischen Kirche, die sich in der Formel festmacht, dass die eine, heilige, katholische und apostolische Kirche, von der das Glaubensbekenntnis spricht, „in der katholischen Kirche subsistiert" *(subsistit in Ecclesia catholica)*.

Einige dieser Begriffe, vor allem die Aussage über den spezifischen Status der katholischen Kirche mit seinen Auswirkungen auf dem Gebiet der Ökumene, bilden die Hauptthemen, die von dem Dokument in den nachfolgenden Fragen behandelt werden.

In der zweiten Frage geht es darum, wie man die Aussage verstehen müsse, gemäß der die Kirche Christi in der katholischen Kirche subsistiert.

Als G. Philips schrieb, der Ausdruck *subsistit in* werde

Ströme von Tinte fließen lassen[3], hatte er wohl nicht vorhergesehen, dass die Debatte so lange und mit solcher Heftigkeit andauern und die Kongregation für die Glaubenslehre dazu drängen würde, das vorliegende Dokument zu veröffentlichen.

Eine solche Eindringlichkeit, die übrigens in den Texten des Konzils und des nachfolgenden Lehramts verankert ist, entspricht der Sorge um die Wahrung der Einheit und der Einzigkeit der Kirche, die verloren gingen, wenn man annehmen würde, dass es mehrere Subsistenzen der von Christus gegründeten Kirche gäbe. Wenn es so wäre, müsste man sich nämlich – wie in der Erklärung *Mysterium Ecclesiae* festgehalten wird – „die Kirche Christi als eine gewisse Summe von Kirchen und kirchlichen Gemeinschaften" vorstellen, „zwar getrennt, aber doch irgendwie eine", oder man müsste annehmen, „die Kirche Christi bestehe heute in Wahrheit nirgendwo mehr, sondern sei nur als ein Ziel zu betrachten, das alle Kirchen und Gemeinschaften suchen müssen"[4]. Die einzige Kirche Christi würde als eine Kirche in der Geschichte nicht mehr bestehen oder nur in ideeller Weise bestehen, also *in fieri* in einer zukünftigen durch den Dialog ersehnten und geförderten Konvergenz oder Wiedervereinigung der verschiedenen Schwesterkirchen.

Noch klarer ist die *Notifikation* der Kongregation für die Glaubenslehre zu einem Buch von Leonardo Boff, gemäß dem die einzige Kirche Christi „auch in anderen christlichen Kirchen subsistieren kann". Im Gegensatz dazu präzisiert die *Notifikation*: „Das Konzil hingegen hatte das Wort ‚subsistit' gerade deshalb gewählt, um klarzustellen, dass nur eine einzige ‚Subsistenz' der wahren Kirche besteht, während es außerhalb ihres sichtbaren Gefüges lediglich ‚*Elemente des Kircheseins*' gibt, die – da sie Elemente derselben Kirche sind – zur katholischen Kirche tendieren und hinführen"[5].

In der dritten Frage geht es darum, weshalb der Ausdruck „subsistiert“ und nicht einfach das Wort „ist“ gebraucht wurde.

Genau diese terminologische Veränderung beschreibt die Beziehung zwischen der Kirche Christi und der katholischen Kirche, die – vor allem auf ökumenischem Gebiet – für die unterschiedlichsten Schlussfolgerungen Anlass gegeben hat. In Wirklichkeit wollten die Konzilsväter einfach anerkennen, dass es in den nicht katholischen christlichen Gemeinschaften selbst kirchliche Elemente gibt, die der Kirche Christi eigen sind. Daraus folgt, dass die Identifikation der Kirche Christi mit der katholischen Kirche nicht so zu verstehen ist, dass es außerhalb der katholischen Kirche ein „kirchliches Vakuum“ gäbe. Zugleich bedeutet dies, dass – unter Berücksichtigung des Kontextes, in den der Ausdruck *subsistit in* eingefügt ist, nämlich der Beziehung zur einzigen Kirche Christi, die „in dieser Welt als Gesellschaft verfasst und geordnet…, vom Nachfolger des Petrus und von den Bischöfen in Gemeinschaft mit ihm geleitet wird“ – dem Übergang von „ist“ zu „subsistiert“ keine besondere theologische Bedeutung im Sinn einer Diskontinunität mit der vorausgehenden katholischen Lehre zukommt.

Weil nämlich die so von Christus gewollte Kirche tatsächlich in der katholischen Kirche weiter besteht *(subsistit in)*, besagt die Fortdauer der Subsistenz eine substantielle Identität zwischen dem Wesen der Kirche Christi und der katholischen Kirche. Das Konzil wollte lehren, dass die Kirche Jesu Christi in der katholischen Kirche als konkretes Subjekt in dieser Welt anzutreffen ist. Dies geht nur einmal, und die Vorstellung, das *subsistit* sei zu multiplizieren, verfehlt genau das Gemeinte. Mit dem Wort *subsistit* wollte das Konzil das Besondere und nicht Multiplizierbare der katholischen Kirche ausdrücken: Es gibt die Kirche als Subjekt in der geschichtlichen Wirklichkeit.

Entgegen einer Vielzahl von unbegründeten Interpretationen bedeutet darum der Ersatz des *est* mit *subsistit in* nicht, dass die katholische Kirche von der Überzeugung ablasse, die einzige wahre Kirche Christi zu sein. Diese terminologische Veränderung bedeutet einfach, dass die Kirche offener ist für das besondere ökumenische Anliegen, den wirklich *kirchlichen* Charakter und die wirklich *kirchliche* Dimension der christlichen Gemeinschaften anzuerkennen, die nicht in voller Gemeinschaft mit der katholischen Kirche stehen, und zwar aufgrund der in ihnen vorhandenen „vielfältigen Elemente der Heiligung und der Wahrheit" *(plura elementa sanctificationis et veritatis)*. Folglich gibt es, obwohl die Kirche nur eine ist und nur in einem geschichtlichen Subjekt „subsistiert", auch außerhalb dieses sichtbaren Subjekts echte kirchliche Wirklichkeiten.

In der vierten Frage geht es darum, weshalb das Zweite Vatikanische Konzil den Ostkirchen, die nicht in voller Gemeinschaft mit der katholischen Kirche stehen, die Bezeichnung „Kirchen" zuschreibt.

Trotz der klaren Aussagen, dass die Kirche Christi in der katholischen Kirche „subsistiert", beinhaltet die Tatsache, dass es auch außerhalb ihres sichtbaren Gefüges „vielfältige Elemente der Heiligung und der Wahrheit"[6] gibt, die Anerkennung des obgleich unterschiedlichen kirchlichen Charakters der nicht katholischen Kirchen und kirchlichen Gemeinschaften. Auch diese sind nämlich „keineswegs ohne Bedeutung und Gewicht" in dem Sinn, dass der Geist Christi sich nicht weigert, „sie als Mittel des Heils zu gebrauchen"[7].

Der Text zieht zunächst die Wirklichkeit der Ostkirchen in Betracht, die nicht in der vollen Gemeinschaft mit der katholischen Kirche stehen. Unter Verweis auf verschiedene Konzilstexte wird anerkannt, dass diese den Titel „Teil- oder Ortskirchen" verdienen und Schwesterkirchen der katholischen Teilkirchen genannt werden, weil sie mit der katholischen Kirche verbunden bleiben aufgrund der apostolischen Sukzession und der gültigen Eucharistie, durch welche die Kirche Gottes aufgebaut wird und wächst[8]. Die Erklärung *Dominus Iesus* nennt sie sogar ausdrücklich „echte Teilkirchen“[9].

Trotz der klaren Anerkennung ihres „Teilkircheseins“ und des damit verbundenen Heilswertes konnte das Dokument nicht unterlassen, den Mangel *(defectus)* zu erwähnen, unter dem sie gerade in ihrem Teilkirchesein leiden. Denn wegen ihrer eucharistischen Kirchenvorstellung, die den Akzent auf die Wirklichkeit der im Namen Christi in der Eucharistiefeier und unter der Leitung des Bischofs versammelten Teilkirche legt, betrachten sie die Teilkirchen als *vollständig* in ihrem Teilsein[10]. Daraus folgt, dass in Anbetracht der grundlegenden Gleichheit zwischen allen Teilkirchen und allen Bischöfen, die sie leiten, jede von ihnen eine eigene innere Autonomie besitzt. Dies hat offenkundige Auswirkungen auf die Lehre vom Primat, der nach katholischem Glauben „ein inneres Wesenselement“ für das Bestehen einer Teilkirche ist[11]. Natürlich muss immer unterstrichen werden, dass der Primat des Nachfolgers Petri, des Bischofs von Rom, nicht als äußere Zutat oder als Konkurrenz gegenüber den Bischöfen der Teilkirchen verstanden werden darf. Der Primat muss als Dienst an der Einheit des Glaubens und der Gemeinschaft ausgeübt werden, und zwar innerhalb der Grenzen, die sich aus dem Gesetz Gottes und der in der Offenbarung enthaltenen, unantastbaren göttlichen Verfassung der Kirche ergeben[12].

In der fünften Frage geht es darum, weshalb den kirchlichen Gemeinschaften, die aus der Reformation hervorgegangen sind, der Titel „Kirche“ nicht zugeschrieben wird.

Dazu muss man sagen: „Die Wunde ist allerdings noch viel tiefer bei den kirchlichen Gemeinschaften, die die apostolische Sukzession und die gültige Eucharistie nicht bewahrt haben“[13]. Deshalb sind sie „nicht Kirchen im eigentlichen Sinn“14, sondern „kirchliche Gemeinschaften“, wie die Konzils- und Nachkonzilslehre bezeugt[15].

Auch wenn diese klaren Aussagen bei den betroffenen Gemeinschaften und auch in katholischen Kreisen Unbehagen verursacht haben, ist nicht ersichtlich, wie man diesen Gemeinschaften den Titel „Kirche“ zuschreiben könnte. Denn sie nehmen den theologischen Begriff von Kirche im katholischen Sinn nicht an; ihnen fehlen Elemente, die von der katholischen Kirche als wesentlich betrachtet werden.

Man muss aber daran erinnern, dass diese Gemeinschaften selbst – wegen der verschiedenen Elemente der Heiligung und der Wahrheit, die in ihnen wirklich vorhanden sind – zweifellos einen kirchlichen Charakter und einen daraus folgenden Heilswert haben.

Das neue Dokument der Kongregation für die Glaubenslehre, das im Wesentlichen die Konzilslehre und das Nachkonzilslehramt aufgreift, ruft mit Klarheit die katholische Lehre über die Kirche in Erinnerung. Es weist unannehmbare Auffassungen zurück, die immer noch verbreitet sind, selbst in katholischen Kreisen, und es bietet wertvolle Hinweise für die Fortführung des ökumenischen Dialogs, der immer eine der Prioritäten der katholischen Kirche bleibt, wie Benedikt XVI. schon in seiner ersten Botschaft an die Kirche (20. April 2005) und bei vielen anderen Gelegenheiten bekräftigt hat, besonders bei seiner Apostolischen Reise in die Türkei (28. November – 1. Dezember 2006). Damit der Dialog aber wirklich konstruktiv sein kann, bedarf es neben der Offenheit für die Gesprächspartner der Treue zur Identität des katholischen Glaubens. Nur auf diese Weise kann man zur Einheit aller Christen in der einen Herde und dem einen Hirten (vgl. *Joh* 10,16) gelangen und so jene Wunde heilen, welche die katholische Kirche immer noch an der vollen Verwirklichung ihrer Universalität in der Geschichte hindert.

Der katholische Ökumenismus mag auf den ersten Blick paradox erscheinen. Mit dem Ausdruck *subsistit in* wollte das Zweite Vatikanische Konzil zwei Lehraussagen miteinander verbinden: Auf der einen Seite besteht die Kirche Christi – trotz der Spaltungen der Christen – voll nur in der katholischen Kirche fort; auf der anderen Seite gibt es viele Elemente der Heiligung und der Wahrheit außerhalb ihres Gefüges, also in den Kirchen und kirchlichen Gemeinschaften, die noch nicht in voller Gemeinschaft mit ihr stehen. In diesem Zusammenhang hat das Dekret des Zweiten Vatikanischen Konzils über den Ökumenismus *Unitatis redintegratio* den Ausdruck „Fülle" (der Einheit/Katholizität) – *plenituto (unitatis/catholicitatis)* – eingeführt, eben um zu helfen, diese in gewissem Sinn paradoxe Situation besser zu verstehen. Auch wenn die katholische Kirche die Fülle der Heilsmittel besitzt, „sind die Spaltungen der Christen für die Kirche ein Hindernis, dass sie die ihr eigene Fülle der Katholizität in jenen Söhnen wirksam werden lässt, die ihr zwar durch die Taufe zugehören, aber von ihrer vollen Gemeinschaft getrennt sind"[16]. Es geht also um die Fülle der katholischen Kirche, die schon gegenwärtig ist und die zunehmen muss in den Brüdern und Schwestern, die nicht in voller Gemeinschaft mit ihr stehen, aber auch in den eigenen Söhnen und Töchtern, die der Sünde ausgesetzt bleiben, bis das Volk Gottes „zur ganzen Fülle der ewigen Herrlichkeit im himmlischen Jerusalem freudig gelangt"[17]. Das Voranschreiten in der Fülle ist in der Dynamik des Einsseins mit Christus grundgelegt: „Die Vereinigung mit Christus ist zugleich eine Vereinigung mit allen anderen, denen er sich schenkt. Ich kann Christus nicht allein für mich haben, ich kann ihm zugehören nur in der Gemeinschaft mit allen, die die Seinigen geworden sind oder werden sollen. Die Kommunion zieht mich aus mir heraus zu ihm hin und damit zugleich in die Einheit mit allen Christen“[18].

Anmerkungen

[1] Paul VI., *Ansprache* vom 21. September 1964: *AAS* 56 (1964) 1012.
[2] *Ebd.*, 1010.
[3] Vgl. G. Philips, *La Chiesa e il suo mistero nel Concilio Vaticano II*, Milano 1975, I, 111.
[4] Kongregation für die Glaubenslehre, Erklärung *Mysterium Ecclesiae*, 1: *AAS* 65 (1973) 398.
[5] Kongregation für die Glaubenslehre, Notifikation zu dem Buch „*Kirche: Charisma und Macht. Versuch einer militanten Ekklesiologie*“ von P. Leonardo Boff OFM: *AAS* 77 (1985) 758–759. Der angeführte Absatz aus der Notifikation wird zwar in der Antwort nicht zitiert, findet sich aber zur Gänze in der Erklärung *Dominus Iesus*, 16, Fußnote 56.
[6] II. Vatikanisches Konzil, Dogmatische Konstitution *Lumen gentium*, 8.2.
[7] II. Vatikanisches Konzil, Dekret *Unitatis redintegratio*, 3.4.
[8] Vgl. II. Vatikanisches Konzil, Dekret *Unitatis redintegratio*, 15.1.
[9] Kongregation für die Glaubenslehre, Erklärung *Dominus Iesus*, 17: *AAS* 92 (2000) 758.
[10] Vgl. Gemischte katholisch-orthodoxe Kommission in Frankreich, *Der römische Primat in der Gemeinschaft der Kirchen*, Schlussfolgerungen: *Enchiridion oecumenicum* (1991), IV, 956.
[11] Vgl. Kongregation für die Glaubenslehre, Schreiben *Communionis notio*, 17: AAS 85 (1993) 849.
[12] Vgl. Kongregation für die Glaubenslehre, Erwägungen *Der Primat des Nachfolgers Petri im Geheimnis der Kirche*, 7 und 10, in: *L'Osservatore Romano. Wochenausgabe in deutscher Sprache*, 11. Dezember 1998, 8–9.
[13] Kongregation für die Glaubenslehre, Schreiben *Communionis notio*, 17: *AAS* 85 (1993) 849.
[14] Kongregation für die Glaubenslehre, Erklärung *Dominus Iesus*, 17: *AAS* 92 (2000) 758.
[15] Vgl. II. Vatikanisches Konzil, Dekret *Unitatis redintegratio*, 4; Johannes Paul II., Apostolisches Schreiben *Novo millennio ineunte*, 48: *AAS* 93 (2001) 301–302.
[16] II. Vatikanisches Konzil, Dekret *Unitatis redintegratio*, 4.
[17] *Ebd.*, 3.
[18] Benedikt XVI., Enzyklika *Deus caritas est*, 14: *AAS* 98 (2006) 228–229.

Die Autoren

Bernd Jochen Hilberath, geb. 1948, Professor für Dogmatik und Dogmengeschichte sowie Direktor des Instituts für ökumenische Forschung an der Katholisch-Theologischen Fakultät der Universität Tübingen; Vorstandsmitglied der Societas Oecumenica.

Eberhard Jüngel, geb. 1934, em. Professor für Systematische Theologie und Religionsphilosophie sowie Direktor des Instituts für Hermeneutik an der Evangelisch-Theologischen Fakultät der Universität Tübingen; Ephorus des Evangelischen Stifts.

Karl-Heinz Menke, geb. 1950, Professor für Dogmatik und philosophische Propädeutik an der Katholisch-Theologischen Fakultät der Universität Bonn.

Harding Meyer, geb. 1928, em. Forschungsprofessor und Direktor des Instituts für Ökumenische Forschung des Lutherischen Weltbunds in Straßburg; ehem. Mitglied der Gemeinsamen Römisch-Katholischen/Evangelisch-Lutherischen Dialogkommission.

Thomas Söding, geb. 1955, Professor für Biblische Theologie an der Universität Wuppertal; Mitglied der Internationalen Theologenkommission; Mitglied des Ökumenischen Arbeitskreises evangelischer und katholischer Theologen.

Jan-Heiner Tück, geb. 1967, Privatdozent für Dogmatik an der Theologischen Fakultät Freiburg; derzeit Lehrstuhlvertretung für Dogmatik und Fundamentaltheologie am Institut für Katholische Theologie der Universität Osnabrück.

Gunther Wenz, geb. 1949, Professor für Systematische Theologie am Institut für Fundamentaltheologie und Ökumene der Evangelisch-Theologischen Fakultät der Universität München; Mitglied der Gemeinsamen Römisch-Katholischen/Evangelisch-Lutherischen Dialogkommission.

Nachweis der Erstveröffentlichung

Einige der in diesem Band abgedruckten Texte stellen zum Teil überarbeitete Fassungen folgender Erstveröffentlichungen dar:

Bernd Jochen Hilberath, Problematische Verengungen. Das neue Dokument der Glaubenskongregation über die Kirche, in: Herder Korrespondenz 8 (2007) 389–393.

Harding Meyer, Stillstand oder neuer Kairos? Zur Zukunft des evangelisch-katholischen Dialogs, in: Stimmen der Zeit 10 (2007) 687–696.

Eberhard Jüngel, Der Glaube an die Einheit der Kirche – in evangelischer Perspektive, in: Frankfurter Allgemeine Zeitung vom 31. Oktober 2007.

Weitere Bände der Reihe
THEOLOGIE KONTROVERS ›‹

Magnus Striet (Hg.)
Gestorben für wen?
Zur Diskussion um das „pro multis"
2007, 112 Seiten
ISBN 978-3-451-29708-3

Thomas Söding (Hg.)
Das Jesus-Buch des Papstes
Die Antwort der Neutestamentler
2007, 160 Seiten
ISBN 978-3-451-29716-8

Helmut Hoping / Michael Schulz (Hg.)
Jesus und der Papst
Systematische Reflexionen zum Jesus-Buch des Papstes
2007, 128 Seiten
ISBN 978-3-451-29725-0

Albert Gerhards (Hg.)
Ein Ritus – zwei Formen
Die Richtlinie Papst Benedikts XVI. zur Liturgie
2008, 176 Seiten
ISBN 978-3-451-29781-6

Magnus Striet (Hg.)
Wiederkehr des Atheismus
Fluch oder Segen für die Theologie?
2008, 160 Seiten
ISBN 978-3-451-29821-9

Walter Homolka / Erich Zenger (Hg.)
„...damit Sie Jesus Christus erkennen"
Die neue Karfreitagsfürbitte für die Juden
2008, 224 Seiten
ISBN 978-3-451-29964-3

HERDER